U0524442

天룷文化

从声音到文字，分享人类智慧

帝国的崩裂
细说五代十国史（下）

A HISTORICAL JOURNEY THROUGH FIVE DYNASTIES AND TEN KINGDOMS

李奕定 著

天地出版社 | TIANDI PRESS

目录

上册

自序 001

开场白:透视五代的社会 008

大齐(公元878年—884年)

第一章 "承天、应运、启圣、睿文、宣武"皇帝:黄巢 023

  一、天变地变,人心如何不思变 023

  二、放下笔杆、端起枪杆的饥民领袖 024

  三、叩关 028

  四、入关 031

  五、撤退与败亡 033

  六、余波 034

后梁(公元907年—923年)

第二章 砀山大盗:梁太祖朱温 039

  一、权相崔胤的亮相 039

  二、"少阳院拘留所" 041

  三、朱、李两大军阀集团的火并 045

四、"大盗"朱温登台 049

五、朱温的残酷 054

六、朱温的无耻行径 057

后唐（公元 923 年—936 年）

第三章　李克用与李存勖 065

一、一心归唐李克用 065

二、上源驿的夜战 067

三、李存勖抓住时机 069

四、此唐非彼唐的后唐庄宗 071

五、康延孝分析政局 074

六、浑身是骨"王铁枪" 075

七、后梁末帝的末路 076

八、推谢不得的皇冠 078

第四章　李存勖的真面目 080

一、"戏迷"李存勖 080

二、宠任宦官 084

三、让刘后收"红包" 086

四、颠顸急政 088

五、讲究享受 089

六、悲剧主角 091

七、郭崇韬案 093

八、被逼上梁山的李嗣源 101

第五章　秦王李从荣与潞王李从珂 …… 107

　　一、兄弟两人不相容 …… 107

　　二、弃武就文 …… 108

　　三、都想避"秦王之祸" …… 110

　　四、带兵侍疾 …… 112

　　五、有自知之明的真正好天子 …… 113

　　六、轮到李从珂了 …… 115

　　七、阵前喊话：李从珂的"发明" …… 117

　　八、难得的王思同 …… 120

　　九、"遇见了鬼，误以为是救星"的闵帝 …… 121

　　十、做了皇帝后的伤脑筋问题 …… 123

　　十一、才、财、暴兵 …… 124

第六章　任圜、安重诲的循环斗杀 …… 127

　　一、任圜是怎样垮掉的 …… 127

　　二、猜忌成性的安重诲 …… 132

　　三、安重诲硬是要斗李从珂 …… 134

　　四、风水轮流转 …… 137

　　五、无法避免的下场 …… 138

后晋（公元936年—947年）

第七章　"儿皇帝"石敬瑭 …… 143

　　一、李、石的互相猜忌 …… 143

　　二、以做"儿皇帝"为荣的石敬瑭 …… 145

三、汾曲之战 …… 147

四、"儿皇帝"登基 …… 149

五、晋安围寨的情况 …… 152

六、被耶律太后"上课"的赵德钧 …… 154

七、玄武楼悲剧 …… 156

八、"儿皇帝"的天生媚骨 …… 158

第八章 权势涨落的范延光与杨光远 …… 160

一、由"黑吃黑"到自戴皇冠 …… 160

二、暴兵拥主 …… 163

三、大老虎变小老鼠 …… 164

第九章 终究没有好下场的"儿孙王朝" …… 169

一、一个始终反对"儿外交政策"的人物 …… 169

二、"儿皇帝"谢幕，"孙皇帝"上场 …… 171

三、"横磨剑"政策 …… 175

四、榆林店遭遇战的小插曲 …… 176

五、阳城之捷 …… 178

六、和与战 …… 180

七、幸胜的不幸 …… 181

八、司令爱龙袍，将军爱气节 …… 186

九、孙男臣重贵，新妇李氏妾 …… 188

十、张彦泽的世界 …… 189

十一、清算"横磨剑" …… 191

十二、"蒙尘"的开路先锋 …… 193

十三、"打草谷运动"...... 197

十四、始终无法搞到皇冠的角色...... 200

后汉（公元 947 年—950 年）

第十章 终于捡到皇冠的人物...... 205

一、学骑墙...... 205

二、当"儿"的"荣宠"...... 207

三、贤妻李三娘...... 210

四、南下的骰子掷定了...... 211

五、由诟骂到吃臭鸡蛋的角色...... 213

六、节度使的循环公式...... 215

七、布下天罗地网...... 219

八、瓮中捉鳖...... 221

九、食人肝、人胆的"人兽"...... 224

十、见识与气量...... 226

后周（公元 951 年—960 年）

第十一章 黄袍披身的滥觞者：郭威...... 231

一、行愚蔽，轻毛锥...... 231

二、酒势令...... 233

三、不愿做"小朋友皇帝"的人物...... 234

四、郭崇威、曹威与郭威...... 237

五、赵村的短剧...... 240

六、胜利的即期支票 …… 242

七、李三娘 …… 244

八、黄袍加身 …… 246

九、宋州城楼会 …… 247

十、"黄袍加身"后的新政 …… 250

十一、不灵的镇星祠 …… 251

十二、儿皇帝第六 …… 253

第十二章 奋发踔厉、干劲冲天的年轻皇帝：后周世宗柴荣 …… 257

一、高平之役 …… 257

二、高锡的言论 …… 262

三、征淮南，收江北 …… 264

四、和平难求 …… 266

五、白甲军 …… 269

六、李将军与张将军 …… 271

七、铁骨铮铮的使节：孙晟 …… 272

八、捍卫寿州的刘仁赡 …… 274

九、双方的哀荣 …… 277

十、要回燕云十六州的第一人 …… 279

十一、小朝廷的琐事 …… 281

附录 …… 287

第十三章 河北天子刘守光 …… 289

一、父子鏖兵，兄弟连战 …… 289

二、浑身无半根骨头的"太保" …… 293

下册

前蜀（公元 891 年—925 年）

第十四章　前蜀：王建如何称帝 299

一、"且辞阿父来做贼"的养子 299

二、围城 302

三、攻取成都 303

四、王先成止"淘虏" 305

五、且宰阿父先戴帽 308

六、有小唐风 308

附录 311

　　王建逸事 311

　　韦庄逸事 312

第十五章　花花太岁：前蜀王宗衍 315

一、令王建苦恼的问题 315

二、大色狼王宗衍 317

三、领略"降王"的滋味 321

四、"一行"变"一家"的功德 322

附录 325

吴(公元 902 年—937 年)

第十六章　浩劫话扬州：由高骈的倒行逆施到杨行密的开国 329

　　一、"白云先生"高骈 329

　　二、左、右莫邪都 333

　　三、须要麻烦"玄女力士"了 338

　　四、尼师王奉仙 341

　　五、打"牙祭"的本钱 344

　　六、杨行密收复扬州 347

　　七、抗梁 349

　　八、灭田 351

　　九、杨行密的过人之处 355

南唐(公元 937 年—975 年)

第十七章　假父假子：徐温与徐知诰 361

　　一、兵谏"大太保" 361

　　二、"临时导演"严可求 365

　　三、养子徐知诰 371

　　四、徐知训，不知训 374

　　五、由当家到秉政的养子 379

　　六、知子莫如父 382

　　七、豪侠申渐高 384

　　八、南唐开国 389

楚（公元907年—951年）

第十八章　话说湖南的"马家天下"...... 395

一、三位归一体...... 395

二、扩充地盘...... 398

三、被"狼子"吃掉的高郁...... 400

四、好吃鸡子的黄鼠狼...... 404

五、"银枪都"都主...... 406

六、"众驹争皂栈"...... 410

七、衡山王...... 417

八、周行逢将军的"评语"...... 421

附录...... 424

吴越（公元907年—978年）

第十九章　一心事大的英雄：钱镠...... 429

一、后楼兵...... 429

二、大越罗平国...... 432

三、叛乱的结局...... 438

四、"长者"顾全武...... 440

五、武勇都之变...... 442

六、传瓘与传球...... 444

七、从千秋岭到选帝...... 446

八、钱镠的逸事...... 449

九、园丁陆仁章，友爱钱传瓘...... 452

十、钱弘俶的友爱 …… 454

附录 …… 456

闽（公元 909 年—945 年）

第二十章　由屠户王绪说到王闽 …… 461

　　一、军中王气毕竟在王家 …… 461

　　二、烦老兄南下 …… 465

　　三、"大罗仙主" …… 467

　　四、承受三项衣钵 …… 472

　　五、大闽皇帝与大殷皇帝 …… 476

　　六、皇帝爆出冷门 …… 481

　　七、又爆出一个冷门皇帝 …… 485

南汉（公元 917 年—971 年）

第二十一章　"宦官国"：南汉小朝廷 …… 491

　　一、"水狱"发明家 …… 491

　　二、"生地狱"发明家 …… 494

　　三、宫人与宦官 …… 496

南平（公元 924 年—963 年）

第二十二章　"高无赖"：南平小朝廷 …… 501

　　一、"先辈"的话 …… 501

　　二、四战之地与四面投机 …… 504

三、"高无赖" 506

后蜀（公元 934 年—966 年）

第二十三章　合两川为一川的孟知祥 511

一、李严再入蜀 511

二、有种的姚洪 513

三、意外的奇兵 516

四、东川并入西川 518

五、君臣言归于好 520

六、"孟后主"—孟昶 522

契丹（公元 916 年—1125 年）

第二十四章　初尝侵略滋味的契丹 527

一、阿保机、述律后与韩延徽 527

二、因试火油而欲攻城 530

三、尝尝侵略的苦果 533

四、天皇王的选立 535

五、王都、王晏球 537

六、人心思汉，胡儿归汉 539

前 蜀

（公元 891 年—925 年）

第十四章
前蜀：王建如何称帝

一、"且辞阿父来做贼"的养子

公元880年，黄巢复渡长江，陷东都，破潼关，关东大震，群盗并起。小马坊使田令孜感到自己的安全终成问题，为暗作逃难计，先布下一枚棋子，即向僖宗李儇要求把西川节度使的地盘给予其兄——左金吾卫大将军陈敬瑄。李儇倒无所谓，因这个地盘已有三个人物在竞争，即杨师立、牛勖、罗元杲，他们都是田小马坊使的养子。在这件事上，李儇别出心裁，要求四人进行"击球争三川"的比赛，谁得第一名谁便去坐镇，这是古今中外罕有的"择官游戏"。结果，在击技上陈敬瑄更胜一筹，获得第一名，西川注定是他的。

陈敬瑄以"击球健将"的英姿，做到西川节度使的位置。

当是时，田令孜的另一养子王建（河南舞阳人），由神策军使出为利州（今四川省广元市）刺史。王建是一位沙场健将，他看出葭萌是四战之地，难以久安，而附近的阆州（今四川省阆中市）则情况相反，地僻人富，于是他招募溪洞（今部分苗族、侗族、壮族及其聚居地区）酋豪约八千人，沿嘉陵江而下，一战而据为己有，自称防御使。在那个时代，这种做法是通例。

王建与东川节度使顾彦朗在"神策军时代"是同事，王建既占据阆州，彦朗畏其强暴，几次遣使问候，并馈食慰劳。二人的情感搞得水乳交融，王建自无打算侵略东川的道理。

冷眼看半边的西川节度使陈敬瑄，担心王、顾二人合谋攻夺自己的地盘——成都，遂向其弟田令孜谋取对策。

令孜道："王建是啥玩意儿？他是我的养子，因得不到杨复恭的谅解，故被逼'做贼'，我只要一封八行的'专函'去，他马上可成为你麾下的将领。"

专使持书到达，王建大喜过望，特赶到梓州去，对顾彦朗道："十军阿父召见，我当入成都去朝见，见到陈公后，求一个大州来坐镇，私愿就满足。"他把家眷寄在梓州，率领侄子、假子和两千精兵，往鹿头关推进。

但情势骤起了变化，有人向陈敬瑄说明利害："王建是只老虎，怎么可以把他拖进来，他一进来，能甘心做你的手下吗？"陈敬瑄果然懊悔，要求王建暂停行止，等待后令。

王建火了，不管这一套，破关而进，破绵竹，拔汉州，进军学射山，又拔德阳，嘉陵江、涪江、沱江的上游各重要城市全被他一口气吞下！大军来到成都城下，陈敬瑄忍无可忍，遣使者来质问。王建有充足的理由："阿父召我来，我已来到门口了，却给我吃'闭门羹'，使我反被顾彦朗猜疑、耻笑，现在出路仅有一条——有进无退。"

最后的王牌被打出,田令孜亲自来到城楼慰解。王建与诸将,髡发拜于清远桥上,表明自己的态度:"我已无路可退,且辞阿父来做贼。"接着,他猛攻成都三日,不克而退守汉州。

王建既攻成都不克,退又无所掠夺,意欲罢兵,参谋人员不赞成,认为:(一)应该夺取富饶的邛州作为根据地;(二)草表朝廷,请允讨陈敬瑄以赎罪,因求邛州。顾彦朗随声附和,亦上表请赦王建之罪,把陈敬瑄移镇他州,则两川自安。

把陈敬瑄移镇他州,正符合现今皇帝借公报私的心意。为什么?话说黄巢之乱时,僖宗入蜀。僖宗的弟弟、寿王李傑——即当时的昭宗(即李晔)——及诸王子因事出仓促,未曾备妥坐骑,故王子们多徒步。李傑在山谷里走得太累,再也不能往前,索性躺在大石上不走了!田令孜从后面赶来,拼命催赶。李傑道:"我脚痛,走不动,可否借我一匹马代步?"

"这儿是深山,哪来的马?这样吧,你扶着马鞭,我牵着你走!"李傑就这样扶着人家的马鞭走,田令孜却舒舒服服地坐在马背上。李傑对于这段逃难的往事记得很清楚。此刻他手中有了顾彦朗的奏章,便立即批准,征陈敬瑄为神策军左龙武统军,叫他两弟兄拆伙,以韦昭度兼中书令,充西川节度使。

陈敬瑄、田令孜拒命,治兵守城,准备武装对抗。朝廷削去陈敬瑄的官爵,陈满不在乎。

韦昭度率诸道兵卒十余万人进讨,营于唐桥,他本人并无特殊勋绩可言。王建不然,攻彭州,犯邛州,所到之处均有所斩获。最后，韦昭度扎营于成都东门外，采包围之势，能对成都构成威胁的正是这支武力。

二、围城

围城之时，陈敬瑄分兵布寨于附近各县，强征一户一丁，白天则掘壕作堑，采竹木，运砖石；夜则登城巡逻击柝，巡逻永无休止。另外，他设立征督院，专向富户搜刮，以作军需。征督院是以军方为后盾的，为了达成既定目标，镣铐、皮鞭是最有力的武器。凡有财产的，先行报告数字，如有匿赃、虚报等情形，一经查出，立即没收充公，弄得民不聊生，怨声载道。

成都被韦昭度、王建合围了三年，城中缺食，儿童被认为是累赘，多被遗弃，以致满路尽是弃儿。

有些胆量比较大的人潜行出城，穿过封锁线，背负着粮米而偷运入城。这些饥民被逮到后，韦昭度不愿追问，因为满城尽是饥民，基于人道，追问、刑罚都不是好办法。这类事情，陈敬瑄知道一二，也只好睁一只眼、闭一只眼，因他委实也想不出救饥的办法。

在围城内外的两位主角都采取"三不管"的情况下，肩负背运的贩卖者逐渐多起来，但肩背所运，不过升斗。米的卖法是以竹筒为准，径长寸半，深五分，每筒百余钱。围城之中购买力极低，故饿殍满路，死者狼藉。正因如此，城中产生了强者欺凌弱者的现象，虽然将官曹吏以严刑峻法来惩治，但是始终无法消弭。最后，守城军吏推行最残忍的酷法，有的用腰斩，有的是"斜劈"，死者相继，但人们熟视无睹，为者自为，食者自食。大家已到了不畏死、不怕法的程度。

吏民日窘，多打算早些投降，然而凡有此种想法及言论的人，一经查出，连其亲党一并族诛，惨毒备至。成都成了陈敬瑄、田令孜一手制造的"修罗场"。

生性仁慈的徐耕，职膺内外都指挥使（相当于警备司令），在其可能的范围内，"全活"了数千人。小马坊使田令孜认为他大有问题："徐耕的职务等于掌管生死簿，但他连一个人都不肯杀。依我看，他大有问题。"

风声传到徐耕的耳朵后，他害怕了，连夜把一批死囚送到街上去"报销"。

三、攻取成都

韦昭度围困成都三年的劳绩的评语，只有两个字——无功。

王建遂召开幕僚会议，认为多个碍手碍脚的人物，不如叫他回家去吧！于是，他一面往上表报，陈敬瑄、田令孜罪在不赦；一面向韦昭度说明利害，请其东归，愿独自负全责，收复成都。韦昭度犹豫未决，不知如何是好。王建立即使出撒手锏，叫一名将领把"老韦"的亲吏骆保逮到行府门前，实行

"割肉窑食",罪名是"盗卖军粮"。骆保死得既冤枉又凄惨,韦昭度有点惧怕,他才明白王建还有这么一套!于是他连忙托病,愿把西川节度使的印绶无条件地交给王建,并委他为知三使留后兼行营招讨使,自己则即日东还。王建假惺惺地亲送他至新都,跪觞于马前泣拜而别。会要政治花样的毕竟有其与众不同的一套,韦昭度刚出剑门,王建立即派兵防守。从此之后,朝廷方面的大军,休想再入两川一步。

现今,王建可独当一面,放手攻城了!于是他下令猛攻,成都环城烽堑绵延五十余里,尽是一片杀伐之声。

就在砍杀号叫声中,王建临时又派出两个"志愿谍报员",入城去探虚实。第一个是"卖香肉"的角色,他伪装逃亡入城,被逮去见陈敬瑄、田令孜时,说王建的部队厌战,粮食也差不多快没了,快要逃亡了。当他在街上卖茶时,则造谣夸说王建英武,军势强盛,指日就可破城。前者使陈敬瑄懈于守备,后者对军心民气产生了副作用,人人危惧,觉得还是早点降吧!

第二个是训练有素的"情报员",他入城后,把城内的一切动态虚实调查得清清楚楚,使王建对战事前景充满信心。于是,王建一边加强并缩小包围圈,断其粮道,一边猛烈进攻。

猛烈的进攻迫使田令孜亲自爬上城头,要求王建来对话:"在过去,我对你还算不错,你为什么这么跟我过不去呢?"

"父子之恩是说什么也忘不了的!但朝廷有皇皇大命,要我王建进讨'拒命不受'的,所以我不得不奉命行事呀!倘使阿父肯同情我尴尬的立场,则我还有啥话可说?"王建守住自己既定的立场,把话说得婉转动听,在逻辑理论上,这是名正言顺的,谁都驳他不倒。

对话之后的当晚,田令孜亲自端着两川印信等物,到王建的行辕颁授。

将士们看到"老怪物"递出这个东西,知道成都已是囊中之物了,全体立即高呼"万岁"。

王建泣谢,猛磕着响头,只要是能达"胜利之路",各项手段他全要得出。

陈敬瑄开了城门,王建浩浩荡荡地进城。自古以来,从广元到成都原是康庄大道,是入川直径,但王建走的却是"之"字路,一共走了三年有余。他认为,时间无所谓,只要能到达目的地就行。公元891年十月,朝廷任命王建为西川节度使,蜀地从此是王建的了。

四、王先成止"淘虏"

此后,"西川王"王建的工作表面上看来似是简单,实际上却十分艰巨。好在他为人机智雄鸷,又有大权在手,因此大体上都能顺利进行。他要做什么工作呢,即怎样才能把王国建设得安稳进步,人人安居乐业?

第一,选贤任能。凡陈敬瑄的将士吏佐有器宇才干的,王建一律录用。他尽心容纳直言敢谏之士,用人各尽其才,著名词人韦庄即于此时被擢用,位居掌书记。王建本人谦恭俭素,跟二十四史中每一位开国者的作风差不多，但也具备了一些枭雄特有的性格——多忌嗜杀，一些有功的将领如王宗涤等，多不能保其首级以终老。

第二，扩充地盘。王建的王国自不能以成都一地为限，他想尽可能地吞并周边以扩大版图。兵锋所指，第一个就是彭州。随后王建率大军以泰山压顶之势，立对彭州加以包围。

但彭州久围不下，王建只得于城外建立大寨，各寨每天出动六七百人，到山谷去抓捕那些逃难的百姓。这种举措有个特别名称，名为"淘虏"，依惯例是先选择较良善的，其余则由士卒分去，可作奴隶出卖。

有一位本是书生、因世乱而弃笔从戎的军士王先成，他看出这些官兵比盗贼还要凶狠，太过无法无天，为可怜的人民着想，他往见北寨的司令王宗侃。

"当大军开来的时候，老百姓不入城而逃到山谷去避难，目的是希望王师出榜安民，然后能回归家园，安居乐业。如今，大军来了个把月，始终未曾颁布安民布告，而将士们专做'无本生意'，各寨每天六七百人入山'淘虏'，比盗贼还凶，抢夺财产，掠夺牲畜。把老弱妇女作为自己的奴隶或转卖，使得父子兄弟流离失所，怨怒冲天。那些在山中的人民怎么生活呢？他们暴露于溽暑暴雨中，或残伤于蛇虺虎豹，或孤危饥渴、有家难归。他们开始怨恨城主而寄希望于你们，现在你们的所作所为无一不使他们大失所望，人民将到哪里去好呢？天啊！"王先成把人民的苦况做了一番实际的陈述和合理的分析，然后他郑重地指出,这种潜在的危机正渐渐扩大,如不及早收敛劣迹,出榜安抚,各寨迟早会被炸得粉碎。

王宗侃有些惧怕,向他求教,以便能够拿出最妥善的办法。王先成拿出七条措施,要求彻底实施:

一、招安山中的百姓。

二、严禁诸寨实行"淘虏",违者军法从事。

三、置"招安寨",招容百姓,派兵巡卫。

四、设"招安使",入山招安,盖百姓见了士兵,无不惊疑,像老鼠见了猫般,谁肯被招,故招安必有术,此项职权,最好能由王宗侃总其事。

五、严令四寨指挥使一律交出所虏男女,使其父子兄弟夫妇自相指认后,送至招安寨,有敢私匿一人者,以军法从事,斩无赦。

六、颁发"安全证",选择身体健壮的子弟,持证入山招其亲戚,只要证明我们严禁"淘虏",则人们自会相率下山。

七、彭州产麻,百姓未入山时,多自动藏匿,宜令县令晓谕各归田里,出所沤之麻,贩卖以买粮。

王宗侃把这些意见转告王建后,随即施行。仅三日,山中之民竞出赴招安寨如归市,寨不能容,拆而扩大,隐有市井之象。

王先成是一个在乱世中既为统治者也为苦难生民着想的小人物。在多灾多难的乡土里,所谓读书报国,应以王先成为楷模。

招安寨解决了"淘虏"的问题后,彭州也就唾手可得。

五、且宰阿父先戴帽

"西川王"王建高高地坐镇成都，他委实不愿意再有什么"陈太师"（陈敬瑄）、"田阿父"（田令孜）之类的名词高踞在他的王冠上。他要"秘书"上表，把这二人"报销"，朝廷偏不许。公开的既然不行，秘密的总该可以吧，何况他手中有的是得手应心的货色。有人告陈敬瑄想造反，王建让人把他的头颅砍下来，去掉了一个；接着又有人告田令孜和凤翔的李茂贞暗通款曲，那还了得，逮到成都监狱去。"田阿父"做梦也想不到，他的"好义子"选择了这么个好场所，让他在这儿颐养天年，直到他自愿把户口迁入冥府去为止。而王建的奏表中，其"主任秘书"尚有几句骈四俪六的得意佳构，现抄录如下：

"开柙出虎，孔宣父不责他人；当路斩蛇，孙叔敖盖非利己；专杀不行于阃外，先机恐失于彀中……"

其实呢？陈敬瑄、田令孜已是王建手中的小老鼠，要他们何时死、怎么死，都是极方便的事，但权诈的人就喜爱耍弄权谋这一套。有人说，这样才能使所谓的"政治艺术"更加"多彩多姿"，也许是吧！

六、有小唐风

在王建破成都的那一年，他的老同事东川节度使顾彦朗

"谢幕"了,军中推其弟顾彦晖为东川留后,王建存心想把他宰掉,不论从哪方面来说,这都是说得过去而且应该的。

该年年底,朝廷发表顾彦晖为东川节度使,并遣使者持旌节以赠,不料绵州刺史常厚从半途杀出,囚禁使者,夺取旌节,并发兵攻梓州。顾彦晖无法应付,只得向王建求救。王建认为机会难得,即派王宗侃、王宗弼等率兵往救。临行时,他又耍了一套阴谋,密对高级将领道:"你们破完贼后,顾彦晖一定会来劳军,你们就在行营设宴招待,趁机把姓顾的小子逮起来,以后就省却无谓的麻烦,记住了没有?要小心地做,千万不要露出马脚。"于是,诸将赶走了常厚的部队后,果然不出所料,顾彦晖带着大宗物资前来劳军,诸将乃设宴招待。不料,王宗弼却偷偷地把"小型鸿门宴"的情报送给小顾,顾彦晖吓得魂不附体,一时竟不知如何是好,说什么也不肯去赴宴。

在阴谋败露后,王建只得暂时将此事按下,等候下一次时机的来临。当他出全力攻彭州时,顾彦晖不肯帮忙,王建乃向朝廷报告,说东川节度使顾彦晖不发兵赴难,反而掠夺辎重。有了这项最完美、最充足的理由后,等到彭州被攻下,王建的侵略矛头掉过来瞄准梓州。在公元893年到895年整整三个年头中,王建和顾彦晖攻防大小五十余次,城小民少的梓州自然不是王建的对手。最后,王建又耍出"银弹攻势",并进一步猛攻。顾彦晖自知活不了了,召开一个"顾氏宗亲宴"(养子也参加),酒酣之际,顾彦晖命令其假子顾瑶先杀自己及同席诸亲,然后再自杀。

这次,王建以"硬拼硬"的手段,硬吃掉梓州。

公元903年,唐昭宗李晔晋王建爵为蜀王。王建自用墨敕除官。公元907年九月,蜀王召开将相会议,准备称帝。属下纷纷劝进:"大王虽忠于唐室,但大唐已不知到哪儿去了。此即所谓'天予弗取,反受其咎'者也,您没有理由不称帝。"

他们说的每句话,全合乎王建的脾胃。虽然有一两个人反对,但那些都是不识时务的。最后,王建采取掌书记韦庄的建议,率吏民哭唐室三天,而后即皇帝位,国号大蜀。韦庄被升为"左散骑常侍、判中书门下事"。

王建本人目不知书,但好与书生谈论,能粗晓其道理。当是时,因其政治较为安定,故中原的门阀士族多到蜀地避难,王建统统礼遇,量才酌用,让避乱的士子们修举前朝的故事,故前蜀的典章文物蔚然风起,大有唐代的遗风。

这是动荡、乱离、砍杀声中的一块颇为难得的小乐土,是王建一手所建。

附录

王建逸事

一

唐僖宗皇帝播迁汉中，蜀先主建（王建）为禁军都头，与其侪（辈）于僧院掷骰，六只次第相重，自幺至六。人共骇之。

他日霸蜀，因幸兴元，访当时僧院，其僧尚在。问以旧事，此僧具以骰子为对。

先主大悦，厚赐之。

二

王建微时贩醝于均房间，仍行小窃，号曰贼王八。

处弘见而勉之曰："子他日位极人臣，何不从戎？别图功业，而夜游昼伏，沾贼之号乎？"

建感之，投忠武军，后建在蜀。

弘拥门徒入蜀，为构精舍以安之，即弘觉禅院也。

韦庄逸事

一

韦庄颇读书,数米而炊,称薪而爨,炙少一脔而觉之(猪肉切成几块,数得清清楚楚)。一子八岁而卒,妻敛以时服。庄剥取,以故席裹尸。殡讫,擎其席而归。其忆念也,呜咽不自胜,唯悭吝耳。

二

韦庄幼时,常在华州下邽县侨居,多与邻巷诸儿会戏,及广明乱后,再经旧里,追思往事,但有遗踪,因赋诗以记之。又途次逢李氏诸昆季,亦尝赋感旧诗。下邽诗曰:"昔为童稚不知愁,竹马间乘绕县游。曾为看花偷出郭,也因逃学暂登楼。招他邑客来还醉,才得先生去始休。今日故人无处问,夕阳衰草尽荒丘。"

三

韦庄以才名寓蜀,王建割据,遂羁留之。
庄有宠人,姿质艳丽,兼善词翰。建闻之,托以教内人为词，强庄夺去，庄追念悒怏，作《小重山》及《空相忆》云……情意凄怨，人相传播，盛行于时。

韦庄因爱人被夺，其词境界的造诣，更为缠绵凄婉。且看其借别人的酒杯以浇胸中块垒的诗：灼灼，蜀之丽人也，近闻贫且老，殂落于成都酒市中，因以诗吊之云：

尝闻灼灼丽于花，云鬓盘时未破瓜；
桃脸曼长横绿水，玉肌香腻透红纱；
多情不住神仙界，薄命曾嫌富贵家；
流落锦江无处问，断魂飞作碧天霞。

而其想念的名作，分别是《浣溪沙》《女冠子》二词：

（一）
夜夜相思更漏残，
伤心明月凭阑干，
想君思我锦衾寒。
咫尺画堂深似海，
忆来惟把旧书看，
几时携手入长安？

（二）
昨夜夜半，
枕上分明梦见。
语多时。
依旧桃花面，
频低柳叶眉。

半羞还半喜,
欲去又依依。
觉来知是梦,
不胜悲。

第十五章

花花太岁：前蜀王宗衍

一、令王建苦恼的问题

王建靠着自己的机智、诈术和对特殊环境的认识（拜宦官田令孜为义父），被授为神策军使，出为利州刺史。接着，他发起一连串的行动，取阆州，破成都，拼有东川地，复取山南，西道诸州镇。当朱温进爵为梁王的同年（公元903年），王建也进爵为蜀王，朱温灭唐称帝的那年（公元907年），王建不愿落于人后，也称起帝来，国号蜀，后改为汉，复又恢复旧名蜀，以成都为国都。

公元912年，朱温被弑，王建却仍旧健在，比他多活了六年。就在朱温死去的第二年（公元913年），皇帝王建的宫中发生了"太子事变"。

此时的太子是王元膺，他的长相有点异样，厚厚的嘴唇，朝外龅生的门牙，加上一双斗鸡眼，完全不像"人君"。但他机警聪敏而知书，还善骑射，可惜秉性狷急而喜猜忌。王建差派一些较有学问的大臣来做东宫的"辅导员"，王元膺就未曾跟他们打过一次交道，而整天跟着一班乐士、太保嬉戏，随便哪个人都别想规劝他。

公元912年的七夕，王建出游，王元膺召五大臣宴饮，有两人不到，王元膺疑心是此二人在离间自家父子俩的感情，即向王建诉说，希望王建将他们贬逐出去。但太子少保唐道袭却做了个相反的报告："王元膺想造反，欲召诸将诸王用兵加以禁锢，然后举事。"并请召屯营兵入宿卫，内外戒严。

王元膺听说唐道袭召兵，乃以"天武军甲士"（亲卫兵）自卫，既然各自征兵，战斗是顺理成章的事。王建复发大兵"讨乱"，与王元膺的大昌军使徐瑶、常谦战于殿前，瑶死众溃，常谦与王元膺奔龙跃池，匿于舰中。傍晚，因饥向舟人乞食，舟人向上方报告，王建差人慰抚喊归，差人到达时，王元膺已被杀害。

从此，"王储问题"就困扰着王建，他仍有三个儿子可做候补（按：三人均封王）。第三子王宗辂（一说第四子）颇有点像他；第七子王宗杰（一说第八子）才华出众；第十一子王宗衍无甚过人之处，但他的亲娘徐贤妃有宠，这是他的第一项本钱。王建请江湖相士来替诸子看相，已受了红包的相士，认定王宗衍相貌"最贵"。于是乎，太子就内定为王宗衍。

王宗衍做梦都没有想到，他竟然不费吹灰之力就得到了"天下宝座"。说实在的，他是怎样的一个角色呢？史书上有最忠实、最客观的评语——"好酒色，乐游戏"。至于什么经济、政治、军事、民生疾苦、学术文化、社会、道德……知道与不知道，还不是一样，而这些与他又有什么相干呢？纵使他知道了，目前有锦衣玉食、软玉温香，可满足生理需求就行了，除此之外何必去瞎操心。王建千辛万苦创立基业，仅不过徒供此子需求满足而已。

有一次，王建从夹城经过，清清楚楚地听到太子（王宗衍）与诸王子斗鸡击球的喧呼声、欢叫声，闹得几乎震动屋瓦，王建暗自叹息："我以百战之身，才创立了这个基业，这些宝贝角色，能守得到几时呢？"

二、大色狼王宗衍

王建一死，王宗衍就肆无忌惮地放纵起来，随便哪一个稍有姿色的女子，一经他看上眼，立即成为他的宫妃。他权势在手，说到就要马上做到，口说无凭，兹举数例：

一、阆州的老百姓何康，其女貌美，行将出嫁，不巧碰上了"大色狼"前来游乐。一见之下，他龙颜大悦，将此女强娶而去，用一百匹布作为赔偿夫家的损失，女夫一恸而卒。

二、徐耕的孙女有殊色，"大色狼"到徐家玩时，又一见大悦，就要纳入后宫，因不欲被人说是娶了母族之女，硬说是"韦昭度的孙女"。

三、蜀军使王承纲之女将出阁，硬被"大色狼"强夺入宫，王承纲申诉请求还人，"大色狼"大怒，流放承纲于茂州，其女闻父得罪，自杀了事。

四、"大色狼"宴群臣于怡神亭,酒酣,君臣及宫人皆脱衣露髻,打情骂俏,喧哗恣肆。又叫狎客与宫女杂坐,哼艳歌以相唱和,谈嘲谑浪,鄙俚亵慢,无所不至。

他不仅私生活放浪形骸,其他方面更糟:

一、他好击球,列锦绣作屏障。在内中击球,不一会儿,人不知溜到哪儿去了。其行动之鬼祟,完全像一只小老鼠。

二、昼夜不绝地熏着各种香,久之嗅厌了,更焚烧豆荚等杂物,以乱其气;其嗅觉与常人不同,匪夷所思。

三、宫殿楼观的缯幔,稍为风雨浸湿,立刻更换崭新的,他原来就不爱惜物力。

四、乘船夜归时,令宫女秉蜡炬千余,排列于船前,却立映照,水面如昼。或酣饮宫中,鼓吹沸腾,以至达旦,习以为常。

五、此君尤其喜欢微行,常到"酒家、茶室"作巡礼,越是下流地方,他越爱去。怕被人家识破他的"庐山真面目",他下令"士民"都戴"大裁帽"。

六、大摆排场。他出巡时,自披金甲,冠珠帽,执弓挟矢而行,旌旗兵甲绵延百余里,或泛江而下,龙舟画舸,辉映江渚,全是州县供办。大肆游幸无钱莫办,他自然可以以帝王之尊令"州县供办",然而在大内奢纵无度,及游近郡名山的所费呢?他另有一套筹集资财的"办法"。太后(徐贤妃)、太妃(王建的徐淑妃,和太后是姊妹俩)各出教令卖刺史、令、录等官,每一官缺,数人争纳贿,赂多的人得到,等于"公开喊价拍卖"。

王宗衍以礼部尚书兼成都尹韩昭为文思殿大学士,事实上,把韩昭倒头栽,他也滴不出半点墨水,然而却做到大学士。此中没有别的原理,就是他会吹拍,且最懂得王宗衍的脾胃和心理,因此得以随便出入宫禁。他曾建议,把通、渠、巴、集数州的刺史标价拍卖,以扩建宫室。王宗衍认为这是一项不可多得的好建议,便决定这样办了。他们母子俩始终认为,人生能得几时欢,游乐是顶顶要紧的,哪怕公开卖官鬻爵也要筹措游资。

一个如此好玩好游的人,是不会把军国大事放在心上的。禀赋、脾胃均不合于政治的他,早已把政治全委给中书令王宗弼。王宗弼和王宗衍是同一类货色,所有内外官员的升迁贬除,全以纳贿的多寡为标准,市价好比现在银行的挂牌。

内给事欧阳晃,老是苦恼着自己的官邸太湫隘。在一个月黑风高的夜晚,他趁机纵火,焚烧西邻军营达数百间之多,他自己居然完全无事。打从第二天起,欧阳晃即叫匠人前来扩建地基。王宗衍始终不吭半口气,一点也不明了事态的影响及其严重性。

一个社会已腐化到近乎糜烂的程度,离毁灭指日可待。而逢迎者老是劝王宗衍,对那些规谏的尽量诛杀,不使他们有"谤国"的机会。此外,还有人煞有介事地献上《三阁图》,并作歌以讽刺当时所谓的"贤良方士们"。

一个重阳日,王宗衍宴内外大臣于宣华苑。酒酣之际,爵封为嘉王的王宗俦乘机进言，社稷危机重重，请求皇帝振作。文思殿大学士韩昭立刻把尴尬场面化为"喜剧场面"，他道"嘉王好酒悲"，于是全场皆欢笑不已。

前蜀的政治紊乱黑暗到什么程度呢？只有借用后唐庄宗李存勖派去西蜀做"客省使"的李严的报告才能形容："衍童骏荒纵，不亲政务，斥远故老，昵比小人。其用事之臣王宗弼、宋光嗣等，谄谀专恣，黩货无厌，贤愚易位，刑赏紊乱，君臣上下专以奢淫相尚。以臣观之，大兵一临，瓦解土崩，可翘足而待也。"

看了这份报告后，李存勖开了一次伐蜀会议，接着发表，皇子李继岌、宰相郭崇韬为伐蜀军统帅，将兵六万出征。面对大军压境，四川方面是否做了些什么防备呢？完全没有！宣徽北院使王承休请王宗衍东游秦州，盖承休在到达任所时，毁府署，筑行宫，强取民间女子教歌舞，并请人绘了行宫及花木图样拿给文思殿大学士韩昭，请他无论如何也要促成皇上的东行。群臣都认为东行不得，无奈王宗衍不吃这一套。为什么呢？因为王承休的妻子严氏貌美，王宗衍早已跟她有过"一腿"，此行不过是与老情人重温旧梦罢了，但其最正当的理由是"吾方欲耀武"，他一路上与群臣酬答赋诗，游兴之浓，全不似山雨欲来风满楼的样子。

糟糕！扫帚星出现了！"天文台台长"表示"国有大灾"，于是，王宗衍下诏设道场以祈祭。有人据此上疏，百姓怨气上彻于天，此乃亡国之兆，非祈祷可弭。皇帝火了，下诏把乱说话的人流放。郭崇韬的伐蜀大军循着大散关、阳平关直驱广元和剑阁。蜀方的兵众都以为，皇帝的左右龙武军不论兵械、给养及薪饷都优于他军，故不愿御敌，有的投降，有的走散。

三、领略"降王"的滋味

王宗衍回朝后，会见群臣于文明殿，泣下沾襟，君臣相视，谁也说不出半句救国的话。李继岌的六军已来到剑阁了，"嘉王好酒悲"的王宗俦降，在成都的王宗弼至大玄门，拥兵自卫，王宗衍及太后自往劳军，王宗弼理都不理。接着，王宗弼劫迁太后、王宗衍及诸王于西宫，先收其玉玺，又把内库金帛悉数带回家。王宗弼的儿子王承涓不愿比其父落后，仗剑入宫，强拉王宗衍的数名宠姬回家去享受。

唐军的前锋已到达绵州、汉州了，王宗弼遣使以币马牛酒劳军，并以王宗衍的手书给李严看，是"公来吾即降"等字样。

"伐蜀军总司令"李继岌到达绵州时，王宗衍即差人送降表，郭崇韬到达成都，王宗弼面陈"蜀之君臣，久欲归命"，郭崇韬不理这一套，把所有谗佞如韩昭、欧阳晃等悉数斩首。

李继岌的行辕来到成都，降王及百官仪卫在李严率领下出降，全在升迁桥迎迓。

这回王宗衍最不愿意穿的行头只得全副出笼，着白素衣，口衔璧，牵着羊儿，颈上系着草绳，抬着空棺材，啼啼哭哭的，百官们都穿麻衣，赤脚跪在旁边。李继岌受璧，郭崇韬解缚烧榇，释罪如仪，投降的礼节至此告一段落。

唐从出师到接受蜀投降，费时不过七十天。前蜀从公元907年持续到925年，王宗衍在成都乱搞了八年，搞垮了自己。

宣徽北院使王承休亲自来成都拜见李继岌，李继岌问道：

"居于大镇，拥有强兵，为什么不拒战？"

"畏大王神武。"王承休惴惴地答。

"那么，为什么不早降？"

"因王师未入境！"

"已投入羌人的士兵，共有多少？"

"一万二千人。"

"已回来的有多少？"

"两千！"

"蛮好，够本儿，你可以偿万人之死！"

李继岌下令："推出去！"

四、"一行"变"一家"的功德

第二年（公元926年）春天，洛阳方面有令，令王宗衍及其宗族百官数千人到洛阳报到。两个月后，一行人到达长安。

伶人景道向皇帝秘密建议："还是在半路上统统干掉吧！"

李存勖点点头，表示许可，着"王衍①一行，并从杀戮"。

钤印都盖妥了，枢密使张居翰复视，就殿柱上揩去"行"字，改为"家"字，使前蜀的百官及仆役们免死千余人。负有特别任务的特使，在到达长安后，立把王宗衍全族屠杀于秦川驿。

王宗衍的老娘——卖爵的徐贤妃也在其中，临死前，她哭道："我儿以一圉迎降，仍免不了惨遭族诛，天理何在，信义何在，我看你迟早会遭到报应。"

最初，王宗弼扣留太后及王宗衍于西宫，等到郭崇韬入城后，即遣其子以王宗衍的后宫及珍玩去贿赂郭崇韬和李继岌，想求个西川节度使做做。李继岌把珍玩统统留下，道："这些全是我家的东西，凭什么要他来献？"

战争的永恒规律是，一旦获得胜利，敌人的异宝奇珍以及一切子女玉帛，全是得胜者的战利品，败则输其所有，只求能苟延活命，做牛做马、做猪做狗全行！所以一旦战争行为发生，双方无不希求胜利，那是因为战争规律太凄悲、太严酷的缘故。不过，真正的仁义之师是不在乎异宝奇珍、子女玉帛的，这种只是草寇的行径罢了！然而，历史上像草寇式的"英雄人物"却多得很，但有好结局的则不见一个，难道说真没天理吗？

王宗衍的身份与其父王建截然不同，后者是一个标准老

---

① 王宗衍即位后改为王衍。

粗，耍真刀真枪真有一套，但端起笔杆儿来，西瓜那么大的字，画不出半箩筐；而前者则受过诗书的熏陶、诗人墨客的指点，一跃而跻身于"词林"，分明是个有智识的人物。

他有一阕震惊词林的"醉妆词"：

者（同这）边走，

那边走，

只是寻花柳。

那边走，

者边走，

莫厌金杯酒。

这阕"词"颇有写实派的风格，已把他的荒唐行径刻画无遗。无论这边走或那边走，他目的很单纯，只是寻花问柳；不论那边走或这边走，他只是端着金杯，喝他的"烧酒"而已。

但寻花问柳时，端着酒盅喝酒时，"一曲舞鸾歌凤"少得了的吗？

有李昇，然后才有李煜；无王建，哪来王宗衍？长江上下游的一对活宝，其亡国的过程各有千秋。

附录

一

卢延让，举光化进士，是科，得裴格等二十八人，宴曲江。

唐御膳以"红绫饼餤"为重。昭宗令大官特做二十八饼餤赐之，卢也是其中的成员之一。

后入蜀为学士，既老，颇为蜀人所易。

延让诗素平易近俳，乃作诗云：

莫欺零落残牙齿，

曾吃红绫饼餤来！

王衍闻知，遂命供膳亦以饼餤为上品，以红罗裹之。

至今蜀人，工为饼餤而红罗裹其外，公厨大宴，设为第一。

二

"我有一帖药,其名曰'阿魏',卖与十八子!"①——王宗衍时代民谣。

---

① 王宗弼系王建的养子,本姓魏,果真出卖了其弟。十八子,即李姓后唐。

吴

(公元 902 年—937 年)

第十六章
浩劫话扬州：由高骈的倒行逆施到杨行密的开国

一、"白云先生"高骈

在国史上，商朝是一个顶顶迷信与崇拜鬼神的国家。《礼记》上说"殷人尊神，率民以事神，先鬼而后礼"，当时有着尊崇鬼神的基本要素，却未能产生宗教形式的组织，这一点在逻辑上颇值得玩味。

中国宗教的起源，未能植根于崇拜鬼神的基础上，直到东汉晚期，"五斗米道"成立，此后中国才正式有了自己的"国货宗教"，但这不过是把方士、术士的那一套加以蜕变、组织而形成的！

提起方士和术士，世人普遍持有这样的观念，即帝王崇高而尊严，术士低贱而卑微。其实不然，术士可谓野蛮时代的帝王，帝王不过是文明时代的术士。两者不但在声气上浑然相通，在共同目的上也殊无二致。他们要人们毫无条件地臣服于帝王的绝对尊严与全能上，毫无理性地屈服于鬼神的威灵显赫上，神权也就由此而来。

如今，要看"帝王即术士，术士即帝王"的"鬼把戏"，唯有淮南节度使高骈最合适。

一个人，一旦在生理官能和心理状态方面都获得满足，剩下仍感到空虚的，大抵不外乎精神的虚脱。能弥补此一精神虚脱的，在古代中国似乎只有术士那一套。

多少贤明的帝王在功成名就后，莫不唯术士的话是听，这是为什么呢？因为术士能弥补此一精神虚脱。

明白了这点，再说到淮南节度使高骈"好神仙"，也较易于理解了。

高骈"好神仙"，方士吕用之因犯了妖党的大罪，逃亡到高骈的麾下，并得蒙庇护，获得军职，慢慢受到高骈的宠信。于是，吕用之介绍其死党张守一、诸葛殷共同蛊惑高骈。

诸葛殷从鄱阳来，吕用之耍了一套新花样，对高骈道：

"玉皇大帝认为你的公务太繁忙，特地派他的左右尊神一人，下凡来帮你处理，希望你好好地招待他，假如要他长久地帮助你的话，不妨派一个较重要的差事让他做做。"

第二天，诸葛殷谒见，诡辩风生，高骈以为是尊神下凡，立授其为盐铁官——这是极重要的职务，也是人人歆羡的肥缺。

高骈生性好清洁，即使是甥侄辈也未曾得到"接坐"的荣宠。如今诸葛殷来了，他患有极严重的皮肤病，搔扪无停歇，脓血满爪。让人感到奇怪的是，有洁癖的人物反而肯同他"同席促膝，传杯器而食"，搞得好像同穿一条裤子。

左右无法不表示他们的惊讶及骇异,但高骈怎么说呢?
"神仙专以脏肮来试探别人是否诚心!"

"老高"有一条狗,嗅到诸葛殷的腥秽后,摇头摆尾地挨过来舔食。"老高"感到相当稀奇,诸葛殷怕西洋镜被拆穿,装出满不在乎的样子,笑道:"这是我在玉皇大帝面前见过的,离别了数百年,它倒还认识我!真是好眼力!"

高骈信服得五体投地,原来他家中早已豢养着"神犬"。

诸葛殷的一套表演过后,看吕用之的一套。吕知道高骈跟郑畋有嫌隙,戏法遂有了:"注意噢!宰相派人来收拾你,今夜准到达。"

"这怎么办?吕神仙!你救救命吧!"高骈吓得面无人色,四肢软绵绵,慌成一团,浑然不像个大将军。

"张先生①曾学过这路法术,请教于他,一定有办法的!"

"老高"基于生命要紧,乃移樽就教向张先生求救。张守一叫高骈穿上妇人的衣服,躲匿在暗室,而由他代高骈坐镇于寝室。

夜半,张守一自掷铜器于檐阶,铿然有声;接着以布袋装着的猪血洒于庭宇,点点滴滴,状如格斗痕迹一般。

天亮后,大家都平安无事,张守一笑道:"几乎被凶手要了命去。"

高骈泣谢:"张先生对我的爱护,真如今世重生一般。"

---

① 张守一,这儿所说的"先生",是道士的荣衔总称,与时下的"先生"含义截然不同。

第一套演完后,接着第二套的花样出笼了。有一个叫萧胜的角色,事先走通吕用之的门路,吕就向"老高"求一个盐城监给他过过官瘾。"老高"感到有些为难,拿了人家红包的角色乃发挥红包的理论:"我,吕用之,不是为萧胜求职业,请你要弄清楚这一点。我近来看到仙书上说:'有宝剑在盐城井中,须一灵官取之。'萧胜是上仙左右的人,我不过是要求你派他去取剑而已!"

理由很堂皇,够正派,高骈立即派萧胜去上任。萧胜至盐城后,特函送一把铜匕首。一见之下,吕用之随即磕头跪拜:"这是北帝所佩的东西,得到这个宝物的,百里之内,五兵(戈、殳、戟、酋矛、弓矢)不能犯。"他的鬼话总是能不假思索"随口编就"。

"老高"乃派人特地饰上珠玉,常置于座隅,借以保障安全,因为这是五兵不能犯的呀。

吕用之自称是磻溪真君,说张守一是赤松子,诸葛殷是葛将军,萧胜是秦穆公的女婿。

为了加强"老高"对他的信任,吕用之选用一块怪石头,刻上古怪的奇字"玉皇授白云先生高骈"。他密令左右置于道院的香案下,然后劝导高骈去过境"云游",就在有意无意的摆弄中,它被献了出来,"老高"欢喜得心花怒放。于是,吕用之借此说明:

"玉皇大帝因你的焚修功很卓著,将你替补为一名真官,不久鸾鹤就会降于此地,到时候,我们的'谪限'也到了,一定可以在幢节的导护下，共同回归'上清宫'。"

"老高"乃差人于道院的庭中刻木鹤，不时穿上羽服，前来跨乘，准备真有那么一天，冲霄飞去。从此他日夕斋醮，炼金烧丹，所费以巨万计。

"神仙好楼居！白云先生，快做'迎仙楼'！"吕用之嘱咐着，高骈即命人建迎仙楼，费用十五万缗，这些全是老百姓的血汗换来的。

有时候，吕用之装模作样地向空际仰揖："有神仙过境，快跪拜！"高骈总是无条件地望空膜拜。

吕用之把"高老头"收拾得俯首帖耳后，知道"老高"现在已由"信"进入"迷"的状态，遂一手把公私大小之事一把抓来，统统由他一人来取决，黜退贤能，大批擢用不肖分子，淫刑滥赏，一切是非黑白都以他的喜恶来决定。

"老高"的左右，凡是肯与吕用之合作，窥伺高骈的动静，并通风报信，使他能做进一步欺罔的，有功有赏；凡是敢表示异议，不肯采取合作态度，甚至敢揭穿他的"西洋镜"的，准是死无赦。

二、左、右莫邪都

吕用之也明白，这样一来必然会导致上下怨愤。为了提防人家揭露他的底牌，他特地要求设立巡察使，高骈没有不允之理，派他为"总领队"。吕用之特地招募市井流氓、"小太保"

百余人，叫他们专门去打听、调查市民日常生活的动态。这类人物名叫"察子"，察子们是有闻必录、有事必报的（即使无事，也须捏造些，以便交差、应命），于是民间的猪咬了狗、鸡啄了鸭、怪胎、横死、呵妻骂子等大大小小的事，全都记录在案，以备必要之时查考。

这一步成功后，吕用之开始肆无忌惮地夺人财货，掠人妇女了！他的手法很简单，先飞一顶"叛逆"的帽子给你，然后前来抢掠。人非木石或钢铁，他一定要把人"修理"到非屈服不可。一旦屈服后，别人的资财就成他的了。如此一来，在广陵（今江苏省扬州市），有好几百户人家就此家破人亡，被吕用之一口吞下，连骨头都找不到了！

在吕用之及"察子"的高压统治下，广陵的老百姓道路以目，将吏士民虽家居，依然紧屏着大气。过了一天，好像是度过一场大浩劫。

看到吏民均服服帖帖后的吕用之，开始以"兵威"来挟制那些虎符在握的将领了。他要高骈选募诸军中骁勇战士二万人，名为左、右莫邪都，由他和张守一分任左、右莫邪军使，署置将吏，一如帅府，配备的器械皆极精致，服装都极华美。吕用之出入时，总有一千人跟随在前后左右，开路、保卫、摆派头、耍排场，俨然方面大员，其实就是念念符咒，骗骗死人，吹吹唢呐，打打铙钹的角色——方士。

凡人皆有性欲，方士也是人，他们的"信仰"没有禁止娶妻育子，自然不能否认他们的性行为。权势在握的吕用之，其性欲高人一筹，特挑侍妾百人，食用奢靡，费用不足辄截留三司纲（国库财赋）直接搬回家。他担心人家会打他的小报告，又拿"老高"来耍活宝："要做神仙并不困难，只恨学道的人总不能灭绝尘世欲念，所以神仙就不肯大驾光临！"

"高老头"乃悉去姬妾，谢绝人事，宾客、将吏皆不得见。如有不得已，一定非接见不可的，皆先令沐浴斋戒，然后才准一见，拜揖方毕，客人即被吕用之请出于外。"高老头"变成了活傀儡，盖吕用之已代替"老高"擅行威福、无所忌惮了，全淮南的辖境仿佛已没有高骈的存在。

吕用之开始"蚕食"将领，借用杨行愍（后来奉高骈命，改名行密）的力量来"小试牛刀"。

吕用之不可一世，横行霸道，在他如日中天之时，人们颇责怪那个最初把他介绍给"高老头"的左骁雄军使俞公楚。俞受不了十目所视、十手所指的舆论压力，好几次用好言劝诫吕用之要适可而止，免得他日祸延"介绍人"。吕方士听后，认为这是奇耻大辱，于是想办法对付俞公楚。

左骁雄军使如此，巧合的是，右骁雄军使姚归礼也刚直敢言，最痛恨吕用之的所作所为，曾当面责骂他，斥责他的罪恶，老想把他宰掉才算数。那一夜，吕用之及其党徒在妓院里寻开心，姚归礼派人去放火烧"绿灯户"，杀了几个跟他的"臭卖相"差不多的货色。吕用之命不该绝，临时化装逃脱，得免于难。第二天，吕用之开始究办，根据"察子"的行情报告，放火的都是左、右骁雄军使的士兵。大事既有了着落，一切自然好办。

必欲除之而后快的吕用之，在"高老头"面前日夜说二将的坏话。不久，朝廷即派二将去讨贼。然后，吕用之事先对杨行密讲，他们要吃掉你，杨行密基于"后下手遭殃"的常理，挥军掩袭，二将未曾防备，全军统统被吃掉。

杨行密被吕用之派上了一次用场。罪名呢？吕用之轻轻地替该死的二将安上——谋叛。谋叛自然该诛，这是任何朝代的常规。吕用之把这条"谋叛"的消息向"高老头"报告时，"老高"满心欢喜，下令嘉奖杨行密。

杨行密的凶狠似是大环境使然的。最初，当群盗横行于江淮时，合肥人杨行密就被盗匪掳去（徐知诰跟他一样，同一命运）。会一点相术的庐州刺史郑棨，看他五官均匀、天庭地阁四平八稳，将他解救，并将其补为一名州兵。这名不平凡的州兵，凭其才勇战功，累迁至牙将。都将们皆嫉妒他，遂向刺史郎幼复提议让他出戍于外，杨行密去辞行，一都将假惺惺地用好言安慰并问他："还需要什么吗？"

"要你的脑袋！"杨行密应声而起，跳上前去，手起刀落，都将的头颅在地上打滚，于是杨行密并吞诸营，自称八营都知兵马使。郎幼复对他无可奈何，将其荐于高骈，请以他自代，高骈遂以杨行密为淮南押牙，知庐州事。

心狠手辣是当时猎官取位的看家本领。此外，在那个愚昧狂妄的社会，能具备吕用之、张守一、诸葛殷等的一套，让凶狠毒辣的成功者迷糊，然后对其尽情剥削，也是猎官取爵的法门。

高骈有一个侄子名叫四十郎，时任左骁卫大将军。他对吕用之的狐假虎威深为愤慨，特地梳理他的罪状二十余条，秘密呈给"高老头"，并要求将其赶快铲除，不然高氏将不"血食"。已被迷得浑浑噩噩的"老高"道："你醉了吗？走！走！"命令侍从把他撵了出去。

第二天，"高老头"特地把这二十余条罪状拿给吕方士看。

吕方士虽然内心紧张，外表却装得毫不在意，淡淡地道："四十郎曾以空空洞洞的罪名来控告别人，未达到他的目的，所以才有这样诬告的行为。"他顺手摸出四十郎的手书数幅——这些可能是"察子"的杰作，递呈给"老高"，"老高"看后深为惶惭，一气之下，下令禁止四十郎出入使府，免得以后给老头子丢脸。

公元886年，唐僖宗竟任命和州刺史吕用之为岭南东道节度使。吕用之置牙将，开设幕府，样式与高骈的淮南节度使殊无二致，凡是"高老头"的心腹及有才干、能任事的将校，统统被他裹胁"跳槽"，以后，一切公文的批示全由他独断专行，再也不用向老头子说明和咨禀。"高老头"微微有点感觉，很想收回"基本权利"，无奈其根深蒂固、羽翼已成，高骈只好装聋作哑，以免激成正式叛变。

当吕用之晓得"高老头"在对他"设防"时，开始也有点"那个"，在一次高阶层的秘密会议后，他接受了死党提出的好意见，那就是引证曹操的"宁我负人，无人负我"。

作恶多端的人，总有恶贯满盈的一天。当吕用之炙手可热、宿将旧吏多遭其杀戮的时候，黄巢的降将毕师铎常惴惴难安。更不幸的是，他又拥有一个美妾。由于"察子"的报告与夸张，吕用之老想一睹芳容为快，毕师铎偏偏执意不肯。某一天，机会来了。毕师铎外出，吕方士立刻前往"猎艳"，一见之下，惊为天人。毕某回来后，弄明白有这么一桩事，在肝火旺炽的燃烧下，他的理智被扔在一边，逐妾下堂！吕闻悉之后，也大动肝火，认为不过看看而已，并无毛手毛脚的举措，何至于这般使人下不了台。由此，两人有了芥蒂。

三、须要麻烦"玄女力士"了

在手无寸铁的人看来，报复是相当艰难的。相反，在手下有人可摇旗呐喊、冲锋陷阵的人看来，是可以叱咤立办的。内不自安、心负屈辱的毕师铎回到根据地高邮后，即与"亲家翁"张神剑①密谋，然后联络了痛恨吕用之的郑汉章（淮宁军使），三人都是紧握刀头、不愿事此"妖物"的人物。有民众，有镇兵，更有武器，在同心合作下，他们挥兵掩至广陵城下讨"吕妖"！

"吕妖"悬重赏，使其麾下的劲兵出城力战，高邮兵稍稍退却，吕方士才得以砍断城桥，关紧城门。

---

① 张神剑原名张雄，人以其善用剑，故统称作神剑而不名。

相当巧合的是，一向躲在炉灶边练吐纳的高骈，偏在这一天爬上延和阁呼吸新鲜空气，听到城内外的喧噪声，他感到有些莫名其妙，跟随他的人报告说是毕师铎叛变，在攻城。"高老头"大吃一惊，急召吕用之来问个明白。

吕方士又摆出一副若无其事的样子，不慌不忙地答道："毕师铎的部队都想要回家，被卫兵阻挡，所以才发生了一点儿小小的吵闹，我已做适宜的调处了！一定有妥善的办法可叫他们退散回去，要是他们仍吵个不休的话，我就要麻烦一位'玄女力士'来加以处理，请你千万不必挂念。"

"我近来发觉你的行事多属荒谬！你好好地处理吧，不要把我弄成'周侍中'才好！""高老头"的神色很沮丧。

至此，被顶头上司揭了底牌的吕方士，毕生第一次感到有点惭愧，惶悚地退了出去。

第二天，天未亮时，高骈再次把吕用之召来问个究竟。吕用之觉得再掩饰也是枉然，只得照实情禀报。

"高老头"颇为果断："我不希望再派兵出城互相屠杀，你可挑选一个温和而有信用的大将，拿我的'手谕'出去晓谕一通，要是他们偏不买账，我再来想办法对付。"

这是一个新的难题，给吕方士带来了新的苦恼。他心中明白，诸将皆恨他入骨，还有哪个愿意替他效劳？不得已，他只好顺从照办，派自己所部的一员副使，带了高骈的"委曲书"和他自己的宣誓，以及大批牛酒、菜肴出城去劳军。

在城外的毕师铎，原也期望"高老头"能派一员旧将前来宣慰，借机把"吕妖"的奸恶罪状一五一十地送到"老高"的耳朵，从而发泄多年来的愤愤。现如今，来的居然是"吕妖"手下的特使，遂破口大骂：

"梁缵、韩问两位将军到哪里去了？要派你这个王八蛋来！"

特使尚未来得及表白，他的脑袋已被砍下示众。

于是，毕师铎射书入城，"吕妖"都懒得拆开，直接用火烧了。第二天，吕用之亲率百余名武装人员冲到延和阁求见，"高老头"大惊，躲匿于寝室内，半天才出来。高骈鼓着勇气道："节度使的'公馆'是神圣的所在地，不能平白无故带兵入见，你是打算造反吗？"叫左右把他们撵出去。

"吕妖"的脑神经又清醒了一些，狼狈地退了出来。当出了城南门后，他举起策鞭指着道："我不可能再入此城！"

至此，高、吕二人的"蜜月期"已成历史陈迹，两人正式决裂。

为了做最后的垂死挣扎，"吕妖"命令其亲将大索城内壮丁，不管你是什么人，朝士也好，书生也好，只要是男性，一律以白刃驱缚其登城，让他们分别站列于城上，自早晨至黄昏，不准休息。他又恐城头的守望人由怨生恨，从而暗自跟城外互通讯息，便不时轮换。结果，城里的百姓要送"便当"，始终无法找到自己的家人究竟在哪里。于是，城内的男女老少莫不怨恨城外的为什么不快点攻城。

"高老头"呢？他密派大将石锷，带了毕师铎的小儿子、

其老母的付儿书,以及"老高"自己的"委曲书",出城向毕师铎谈判。毕师铎倒是干脆,叫小儿子回城,捎回的口信很简单:

"只要把吕用之、张守一的脑袋砍下来,让他证明不是假的,则师铎不敢负恩,愿以妻子为'人质'。"

可是,"高老头"也有他说不出的苦衷!他担心,万一处置不当,吕用之会吃掉姓毕的全族。于是,高骈把毕师铎的母亲、妻子、儿女等尽数搬入节度使院居住,借以保护他们。

城外的毕师铎因得到有力的援军,数度攻城。一日,罗城(外围的大城)西南隅的守望者焚烧栅栏以响应城外,毕师铎挥军入城,"吕妖"败退,战胜者纵兵大掠,一切陷入"无政府状态","人间修罗地狱"再次到来!

方士吕用之始终未请到"玄女力士",真是不胜遗憾之至!

四、尼师王奉仙

"高老头"曾做过盐铁使,多年来从不曾向朝廷"贡奉"过,故其财货在扬州囤积如山。"高老头"又建皇上郊天的御楼,六军立"仪仗服",及大殿元会、内署行幸的供张器用,清一色皆刻镂金玉,盘龙蹙凤。如此种种,至城破之日,全被乱兵掠夺一空。

"四位一体"的诸葛殷被抓到,立予杖杀,尸体像一只死狗般被扔在路旁。跟他有仇恨的怨家先抉其目,而后切断其舌，民众纷纷搬石头来掷，顷刻之间，石头便堆成了丘堰。

中国历代嬗传的另一定律，从来都是"马上得天下易，治天下难"。在五代，此一定律的范畴可略予缩小而加以活用，即"攻城易，治城守城难"。

毕师铎既入广陵，只会纵兵掠夺屠杀，从事"报复运动"，不知收拾善后，此其一。

不会利用"高骈"这块淮南节度使的招牌，总其兵权以号令辖境之内的将吏，此其二。

仍旧派人至宣城，请秦彦过江，秦彦遂率宣、歙二州兵马三万余人，乘竹筏沿江而下，入广陵，自称权知淮南节度使，此其三。

幽禁高骈及其家属于南第，收高氏子弟，甥、侄十余人同时被拘禁，以兵百余人日夜监视，此其四。

同志散伙，化助力为阻力，张神剑曾向毕师铎要求一些财货，师铎推说须等候秦彦的决定，神剑一怒而率其所部归杨行密，此其五。

有此五大败因，毕师铎还能成啥气候！

当毕师铎攻扬州的时候，吕用之矫高骈的牒文，署庐州刺史杨行密为行军司马带兵来援，行密悉起庐州兵众来赴。

当初，郑汉章跟随师铎，留其妻守淮口，"吕妖"率其众以攻，旬日未曾攻下，郑汉章引兵救之，闻杨行密来到天长，遂归。

扬州的时局演变至此，城内是秦彦、毕师铎等人守城，城外是杨行密等人攻城。城被包围,乏食,樵采无路。

围城内的粮食危机越来越严重!高骈全家在道院,被保护的他仍在做"修道工作"。秦彦供给的伙食越来越差,修道的人倒没有什么,那些不想练吐纳的左右,都弄不到可沾牙的!于是,会动脑筋的人先把偶像(可能是李老君)劈来当柴烧。没食物还吃什么呢?吃皮革(可能是皮带之类)。皮革不是牛皮做的吗,牛皮是牛的一部分,当然可煮食。

秦彦与毕师铎屡战屡败,败则情绪败坏,于是怀疑高骈讨厌他俩的胜利——厌胜。等到外围加紧进攻时,他俩又怀疑"高党"会起而做内应。刚好有一个"妖尼"王奉仙到秦彦那儿替扬州全城起卦:

"扬州应受到一场灾难,必须有一个大人物死,从此才有喜气!"

"必须有一个大人物死",那么"高老头"最适合不过,除了他还有谁能给扬州带来喜气?"老高"的命运及其子弟、甥侄们全被王奉仙间接地一口吞了下去。这也好,他常让吕用之吞食别人,他也合该由别人来吞食他及其一族才是。

这是公元887年九月的扬州大事记。

至性的人物——杨行密听到高骈遇害后,躬率士卒,全体缟素,面向城内大哭三日。

扬州被包围半年,城内无以为食,一斗米的价格是五十缗,草根、木实皆被挖掘净尽,以堇泥做成"泥饼"来食,饿死的枕藉于路。史书上说,宣州兵抓人到市场售卖,驱缚宰割,像杀猪杀羊一样,从头至尾连哼一声都没有,足见其"余气"已离死亡不远了。积骸满街,流血盈坊,扬州遭受了第二度的浩劫。

守城的秦彦、毕师铎呢?他俩半点办法也想不出,相对抱膝,终日悄然,仿佛是一对"活死人"。

不过,"活死人"仍然无条件地相信王奉仙,作战时日的选定、赏罚的轻重,完全取决于王奉仙。

城破了!秦彦、毕师铎仍然诚惶诚恐地请教着:"该怎么办?"

"走呀!笨货!"王奉仙一语点醒两员大将,果真走了。

杨行密入城,使人改殡高骈及其一族,接着赈济仅存的平民。平民只剩几百家,鸠形鹄面,一个个饿得像"活僵尸"。

五、打"牙祭"的本钱

扬州的时局进入了第三度的变化。如今,杨行密成为广陵的主人。秦宗权眼红不已,遣其弟秦宗衡为将,孙儒为副将,大将刘建锋、马殷、张佶等率兵万人渡过淮水,来与杨行密争扬州。

为了安内,更为了攘外,杨行密表现得非常心狠手辣。

孙儒看穿了秦宗权不能持久,抗命回师,手刃秦宗衡,引师袭击高邮的张神剑。孙儒屠高邮,不久溃兵七百余人逃归。杨行密担心他们生变,使其分隶于诸将,在一个月黑风高的夜晚,将他们尽数坑杀。第二天,杀张神剑于其家中。

杨行密担心孙儒会乘胜取海陵,命高霸率其兵及民众统统归入府城,命令是"有敢违抗的族诛",于是海陵数万户弃资产、焚庐舍、挈老幼,全都搬入广陵。

随后,杨行密听说高霸归来,亲自郊迎、劳慰,安置其将卒于法云寺。接着,就是如何安置高霸的问题。杨行密的意思是,派他驻扎于天长以拒孙儒,但有人认为高霸是个投机分子,不如把他干掉。杨行密果然就这样做了,并带领千骑掩杀其将吏于法云寺,死者数千人。第二日大雪,寺外数条街坊全变成"红色的泥地"。

自扬州被毕师铎攻破后,始终未见吕用之的下落。原来此妖,一来因有自己的势力,故仍有人拥护;二来他向来与杨行密搞得很熟络,故杨得势后放过了他。此刻,吕用之与张守一正盘踞在杨行密左右。

在天长时,吕用之依旧耍出那一套来欺瞒杨行密,先开出一张"定期支票":

"我有雪花银五万铤,埋在居所。等广陵克复后,当尽数提供出来,送给您和弟兄们,作为打一顿'牙祭'的本钱。"

如今,广陵终于被控制在杨行密的刀下。那天,他检阅部队,骤想起这张到期的"支票",回头责问道:

"吕仆射答应这笔开销,怎么'食言'起来?"

已被封为仆射的"吕妖",嘴巴像得了"禁口痢"一般,死也不开腔。

"给我抓起来！滥开'空头支票'！"

左右早就巴不得这一声命令了，立即把吕用之扣押起来。

"交给田大将军！"杨行密还要经过一番审判手续，下令把"吕妖"交给田頵将军严审。

田大将军摇身一变成为军法官，日夜侦讯，吕用之的口供笔录如下：

"我已与死党秘密商议，准备趁着中元夜，邀请高骈来到府第，建黄箓斋，乘其'入静'之际，予以缢杀，说是高骈'飞升'了！因而命令莫邪都率领诸军共推我为淮南节度使。以上所供事实，如有不确，愿接受严厉的军法处分。"

口供呈上去后，杨行密下令将吕用之腰斩！

为非作歹的吕用之被一刀两断。他的尸身刚分开，怨愤的人们一拥而上，你一块，他一块，"吕妖"的尸体顷刻之间被瓜分净尽。

一不做二不休，杨行密干脆诛斩"吕妖"的族党！

军士们在发掘"吕妖"的中堂时，挖得桐木雕刻的小木人一座，上面写着高骈的姓氏，贴在胸膛上。脚镣、手铐、铜钉把木人"武装"得密密麻麻！这就是高骈顶顶喜欢、顶顶宠信的人物，然而高骈料想不到的是，吕用之竟然拿这种手段来对付他。

张守一呢？他是一个"化学药剂师"，他尽量发挥着他的才能，专门替各位将领制炼"仙丹"。等地位稳固后，他又不安分起来，妄想干涉军政大事。杨行密是何等人物，哪有放过他的道理。于是,张守一乖乖地被"送"到冥府去会晤他的"好伙伴"去了,拿着他们的那一套,问问阎罗王是否也需要。

六、杨行密收复扬州

扬州三度易手后的局面,已转变为杨行密与孙儒的对抗和僵持。杨行密在外交上,与"挟天子以令诸侯"的朱温相勾结。在军事危急之时,朱温不论在心理、精神还是在军事行动上,尚可给他些许援助。孙儒已摆脱了秦宗权的羁绊,当然得不到这些便宜,但其手下有强将悍卒,对付杨行密还是绰绰有余的。正因如此,扬州城内是杨行密的根据地,城外则是孙儒的游击区。

杨行密的"首席参谋人员"袁袭,看出广陵的残破,知道守方已不如攻方占便宜,于是向杨行密提出自己的看法:"广陵饥弊已达极点,孙儒等来攻时,我们是无法守下去的,假如一定要坚守,只有加重民众的痛苦和负担,为了百姓着想,咱们暂避一下,等到力量充实,再行反攻不迟。"

向来以谦恭纳言闻名的杨行密,立刻予以接受。公元888年,孙儒攻广陵,杨行密出走以避其锋。孙儒自称淮南节度使,杨在其参谋的献议下,回到原来的地盘庐州。守住庐州之后,杨行密进而围攻宣州。宣歙观察使赵锽遁逃,为杨行密的部将田頵所追擒。杨行密把实情向朝廷报告,朱温一面任命杨为宣歙观察使,一面要求把赵锽放回,因赵与朱有姻亲关系。

袁袭认为，放走赵锽无异于树了一个死敌，不如把赵锽的脑袋拿去交账，杨行密自然遵从这项于他有益的好建议。

赵锽就是在这般情况下，被缴还朝廷的"国库"报销的。

不多久，袁袭一病不起。杨行密涕泗滂沱：

"天不欲我杨某成大功啊，为什么把我的股肱大臣夺去呢？我施政行事'好宽'，而袁袭每劝我'杀'，这就是他未能得享'高寿'的缘故吗？"

此后，杨行密和孙儒在长江的下游，进行了旷日持久的混战。

翌年，朱温拟联络杨行密共攻孙儒。孙儒恃其兵强，欲先灭杨，然后再全力对付朱温。当时，孙儒散布告藩镇书，排列杨行密、朱温的罪状。接着，他竟忘掉自己正着手"制造罪行"，放火焚烧扬州庐舍，尽驱壮丁及妇女渡江，甚至于"杀老弱以充食"。

孙儒在扬州撒下一大堆烂污，然后渡江过境。杨行密的部将张训、李德诚潜入扬州，扑灭余火，查得仓库尚有数十万斛谷，当即无条件开放，赈济平民。

公元892年，孙儒围攻宣州。宣州注定是孙儒最后的归葬地。这年夏天，孙部发生了大规模的霍乱。20世纪的某些落后地区，对霍乱还束手无策，何况是中古时代？孙儒只好听任其自由发展、自生自灭。最后，他自己也不幸染上，正史上说是疟疾，但不管是什么，当时军中暴发的是烈性的传染病无疑。

这真是"天赐良机"，杨行密怎肯放弃这唯一的良机，遂纵兵痛击，连破五十余寨，杨手下悍将田頵斩孙儒于阵上，余众投降。杨行密遂以战胜者的姿态，乘胜收复扬州，扬州终归是回到了杨行密手上。

然而，扬州业已面目全非。在高骈以前，扬州富甲天下，时人有"一扬二益"的称法。如今，经过秦彦、毕师铎、孙儒及杨行密的兵燹之后，江淮东西千里，扫地以尽。过去的人间天堂，也不可避免地化为了修罗地狱。

七、抗梁

坐定扬州后的杨行密，他的正面死敌孙儒已成为录鬼簿上的人物。于是，他接着尽量扩充地盘，这是当时任何一个战胜者的必要步骤。正因如此，他与朱温发生了正面冲突。换一句话说，朱温把杨行密列为朝廷里"不听话的罪犯"。杨行密当然不吃这一套，他一面发表文告声讨，一面实行武力抵抗。一切全按照当时的规例进行。

公元897年九月，朱温发大军攻杨行密。以庞师古为主力的第一路军，率中原部队七万人入驻清口，目标为扬州；以葛从周为主的第二路军，率河北方面部队入屯安丰，目标为寿州。朱温率军屯驻于宿州。

话说庞师古扎营于清口，有人说："营地太污了，不可久居！""庞司令"不理这一套。他自以为兵甲俱盛，敌人没啥了不起。"庞司令"平时好下棋，天天搞在"将杀"上，正常的军务反倒撂在一边。有人跟他说:"杨行密的大将朱瑾已把淮河上游壅截,准备灌师。"庞司令以为谣言惑众,将其立斩以儆军中。

实际上,这不是谣言,而是百分之百的事实。朱瑾已奉杨行密的命令正在淮河上游截流。然而,"庞司令"是个地道的"棋迷",对这个消息不听也不信!朱瑾于一切布置妥当后,即率五千骑潜行渡淮,用大梁方面的旗帜,斩栏逾栅,径入其中军。庞部仓皇应战,就在短兵相接的时候,上游的淮水像黄河决堤般,奔腾汹涌而来!汴军大乱,杨行密自带大军渡过淮河与朱瑾内外夹击,汴军大败。此役汴军被斩杀万余人,"棋迷"庞师古也是万余人中的一员。

河北方面的葛从周,驻扎于寿州西北,听说庞师古败,他立即拔营起程回家。杨部大将朱延寿乘胜追击,于淠水追上葛从周。恰逢葛部的一半士兵还在渡河,朱延寿纵部奋击,杀溺殆尽。葛从周的运气比较好,竟然侥幸逃脱。

万幸渡过了河的逃兵,又碰上大雪,冻馁而死的枕藉于路,全军生还的不到千人。

情势发展至此,该轮到杨行密说些"大话"显气派,一封半讥嘲半傲慢的战书就在胜利后由扬州专程送到开封给朱温:

"看来庞师古、葛从周都不是兄弟的对手!最好你亲自前来淮上决战一场,否则你便不算个人物了!"

扬州注定该是杨行密的,淮南地区是他的辖境。朱温虽雄鸷,但是也只能干瞪着白眼,向现实低头,承认淮南是姓杨的。

"抗梁"胜利后,杨行密的内政上又有"田頵之变",等到田頵被平定,杨行密大功也就告成,进入可以开国的时期。

最初,宁国节度使田頵——即斩孙儒的田頵,诣广陵,趁便向"老杨"要求把池、歙二州并作他的巡属,杨行密不答应。杨的左右以及大官小官,甚至于狱吏,都伸长了手向这位入京的方面大员要"红包",田頵是条硬汉,哪里看得惯"公开要红包"这一套,愤愤地道:

"不给'红包',难道狱吏已晓得我会被关起来吗?"

及返归,他指广陵南门道:"我不可复入此门呀!"

八、灭田

等田頵归去之后,杨行密突然任命田頵的良将——康儒为庐州刺史,官职是田頵的副位。田一向与康有龃龉,竟疑心到康儒的品德与行为。他也不调查缘由,要将康儒立行诛杀。康儒于临刑时道:

"如果我死的话,你离死也不远了!"

田頵心中的醋意浓得化不开,早已失去理智,完全不吃这一套。

康儒死后,田頵遂与润州团练使安仁义共同举兵,另派两名使者伪装成商人,去寿州联络奉国节度使朱延寿做响应,两名使者被杨的部将识破一人,诛杀使者后,该部将把密信呈报给杨行密,杨看后,遂有了军事上的部署。

朱延寿是杨行密的小舅子,为什么如此有力的"裙带关系"仍会闹翻呢?这是"老杨"不会做人导致的。杨行密经常在大庭广众之下或者其他场合开这个小舅子的玩笑。于是,手下也有人马可供指挥的朱延寿遂想要姐夫的命。

朱延寿的计谋早已被杨行密洞悉无遗,可是他和他姐姐——朱夫人仍不知道。于是,杨行密布下天罗地网,叫枕边人和小舅子统统自动地投入罗网。

杨行密耍了一套花样,他假装突然患了药石难医的"青光眼",什么都看不见。即使对着小舅子的使者,他也搞乱所有的视线,甚至于把头在宫柱上撞出一个大包,倒在地上,"表演"十分逼真。杨行密乃对枕边人道:

"我不幸失明,诸子皆幼,军府之事,当完全由三舅(朱延寿)来担任。"

朱夫人居然信以为真,写信告诉其弟。杨行密一面写信给小舅子,一面叫徐温暗中准备。

由于情报不灵,迹近天真的朱延寿居然昂然地来到广陵。杨行密满心欢喜,在寝宫接见他。就在朱延寿行至寝门之时,徐温骤起,将其斩杀。朱延寿带来的卫队无不惊扰,徐温慰谕一通之后全部听命!于是,杨行密的眼睛骤放光明了!朱家的兄弟统统被诛,朱夫人被驱逐出去。

其实,当朱延寿欲奉诏入广陵时,其妻王氏并不持乐观态度。鉴于当时社会的险恶作风,她私下跟丈夫商量:"你这趟赴都，是吉是凶未可预知，希望你每天差一名特使回家，专报告平安的消息。"

虽然朱延寿认为这是多此一举，但为安慰王氏起见，他也照办。一日，特使不来了！王夫人惶惑地道：

"大事准可知了！"

于是她吩咐僮仆，授以武器，命令阖门拒捕。不久，捕骑来到，王夫人集合家人，把所有的宝货搬拢在一起，然后放火焚烧庐舍，临死慷慨地道："我誓不让皎然的躯体，为仇人所辱。"遂赴火而死。

朱延寿可能至死仍不明白，他有一个贞烈的妻子。朱的治兵之法极严，并好以寡击众。他曾遣二百名战士与大梁的汴军决战，有一人应当留下当看守，不料他竟想随军出征，朱认为他有意"违命"，立予斩决。

这些是朱延寿被诛之前的插曲。现在言归正传，回到田頵的阵地战来。

田頵袭升州，抓住淮南行军司马李神福（杨氏大将）的妻子。当时，李神福自鄂州率水军顺流而下，田頵派人跟他谈条件：

"希望你识时务些，我田頵可以在事成后，把淮南来个二一添作五，各做各的王，不然你的妻子儿女一个也别想找到。"

"我——李神福，从'五等兵'一直做到大将，在道义上，决不会为了妻子儿女而改变自己的志愿，放弃事业。田頵自己有年老的母亲，他可以不顾及母亲的性命而造反，三纲五常都不讲,其他还有什么可谈的!"士兵们都深受感动,李神福把使者斩掉,挥军直进。

谈判既已破裂,战斗随之而起。

田頵遣其将王坛、汪建以水军搦战,两军既遇,王、汪两将把李神福的儿子押给他看。

李神福硬起心肠,命左右用箭射杀,免得敌人讨价还价。到黄昏,李神福假装战败,引舟逆流而上,王、汪追赶,李军掉头回来,顺流而攻。时王、汪的楼船巨舰,均大列火炬,李命令弓箭手道:

"望见火炬就射击!"

王、汪命舰中士兵灭火,旗帜交杂,李神福因风纵火,焚烧其舰,两将大败,士兵焚溺而死的,多得难以统计。

田頵听到两将败北,自将水军搦战。李神福大喜过望:"贼不要城池而来水战,这是天要亡他的预兆。"于是他临江布阵,坚壁而不战,复遣使报告杨行密,请以步兵断其归路,杨派涟水制置使台濛带兵以为呼应。

田頵想趁着台濛的援军尚未到达,先把他打垮,然后再全力对付李神福。于是,他留下二万精兵及王坛、汪建的残余水军屯扎于芜湖,自率步骑搦战。根据密探报告,台濛的营寨偏小,于是田頵大意起来,以为没有啥了不起,不料广德一战,田大败;黄池复战,田遇伏又败,只得奔回宣州自守城池。台濛进而将其包围。田立即召芜湖方面的兵将来援,但是来路已被切断,芜湖方面遂全军投降。

公元903年十二月,田頵率死士数百出战,不胜,退走回城,桥陷坠马,当场被枭首,其士卒犹力战,台濛乃以田頵的首级出示,田頵部众遂溃散,台濛克复宣州。

当田頵的脑袋被传到广陵时,老杨一视之下,不禁涕泗交流,因田与他是同乡,年轻时两人极为友好,曾结拜为兄弟,如今为了王冠,互相砍杀。名利的争夺不仅使人失去理智,更失去真挚的友情。

杨为了弥补自己的过失,特赦其老母,自己以及诸子均以"子孙礼节"敬事田老太太。在那个专门讲究"族诛"的社会里,这是值得大书特书的一个举措。由此可见,一个要成大功、立大业的英雄,着实需要容涵六合八表的海量,胸臆褊狭的角色永远成不了大事。

九、杨行密的过人之处

杨行密赦免田頵的老母,并以子孙之礼敬事着她,这足见"老杨"不是普通的人物。于是,我不得不走笔多提一点他的逸事:

第一件。杨行密破孙儒,复入扬州,即感到财用不足。他想以茶盐来换民间的布帛,掌书记高勖道:"兵火之余,十室九空,如今又动起人民的脑筋,加强了民困,结果乃是免不了逼人走上离叛的老路。不如把我们的所有,来换邻道的所无,这样军需的补给有个着落,再挑选贤能的干吏,使民勤谋农桑，几年之后，仓库当会充实起来。"

杨行密悉心接受，并依高勖的话切实去做。"老杨"于驰射、武技一无所长，但他有领导能力，善抚驭将士，宽简有智略，与士卒同甘共苦，推心待物无所猜忌，故人人乐为其所用。

"老杨"的另一美德是讲究勤俭，自奉甚薄。不是"公宴"或招待贵宾，他未尝有过"皇家乐队"的演奏。他招抚流散，减轻民众负担，不敢横征暴敛，因而数年之间，扬州又逐渐恢复到承平时代。

第二件。庐州刺史蔡俦本是杨将，后降孙儒。他因怀恨而掘挖杨行密的祖坟，并与舒州刺史倪罩联兵，遣使送印于朱温以求救，朱温恶其反复无常，纳其印而不救，并把情况转告杨行密。杨遣人道谢，然后亲自将兵讨蔡俦，庐州克复后，蔡俦立被斩首。左右请杨行密实行"报复主义"，把姓蔡的父母坟冢也照挖一通，曝骨草莽。

杨行密却这么回答："蔡俦就是因为这个而得罪天下的，我怎么可以学这种小人的行为。"

第三件。杨行密曾出巡，顺着淮水，直至泗州。泗州的防御使台濛盛饰供帐，极尽铺张之能事。依台濛的看法，只有这样，才是尽地方官员的职责，从而讨得顶头上司的喜欢。不料，秉性爱好节俭的杨行密看后非常不愉快。公事完毕后，杨行密走了，台濛在他的"临时行辕"内，查到一件杨行密有补丁的衣服忘记带走，乃快马送回原主。

杨行密一点也不脸红地收起来，然后淡淡地道：

　　"年轻时，我是贫贱过的，不敢忘本。"笑笑把衣服放入旅行袋内。

　　台濛两颊绯红，颇为尴尬了一阵子。

　　这就是杨行密的本色，他以勤俭、爱民而立国——吴。

南 唐

（公元 937 年—975 年）

शंका

第十七章
假父假子：徐温与徐知诰

一、兵谏"大太保"

杨行密在病入膏肓之际，突然任命其长子杨渥（牙内诸军使）为宣州观察使。

右牙都指挥使徐温一片好心，在送别时殷殷叮嘱："老头子患了重病还要把你（嫡长子）遣调出藩，这准是奸臣的计谋，他日如有人要叫你回来，除了我的'特使'或贵老头的'手令'，请你千万不必匆匆赶来。"

杨渥感激涕零，一再表示着谢意，然后才上马。他到达任所后，在一年之间表现得非常差劲，毫无半点儿政绩可言，而吃喝玩乐、踢球倒是老考满分。这样一个专讲究本能的角色，在军府中怎么会有人看得起他？

阎王已下令叫杨行密应期去报到，杨行密却感到"继承的大问题"尚未安排妥当，乃差节度判官周隐去喊杨渥！

禀赋憨直的周隐，居然把平日对杨渥不满的情况和盘托出，而且还提出自己的想法："不瞒大王说，大少爷耳朵特别轻,最喜欢听人家拍马屁,击球饮酒,样样都精明,独军政两项最差劲,依我看来,这位爷恐怕不是持家保业的人才!但其他的少爷又都太年轻,不能控制诸将,不如这样,让庐州刺史刘威暂代你领军府,刘将军于微贱之时就跟随你,总不至于辜负你吧!等到其他的少爷长大后,再叫刘将军交还军府大权不迟。"

杨行密装作没听见,当然,他怎么会同意这么迂腐而不切实际的建议呢?杨渥毕竟是他的嫡长子呀!

左、右牙指挥使徐温、张颢得到这项"变相的政变"消息后,乃向杨行密谏道:"大王一生,亲冒矢石,出入于万死之中,为的是替子孙立下万年基业,怎么可以随便地让他人来顶替?"

"听了你俩的话,我死也瞑目了!"杨行密频频点头。

过了几天,将佐们都来问疾。杨行密以目示意,要严可求留下,他有密言要说,众人都走后,严可求俯前问道:

"要是大王一旦'不幸',撒手西归,军府该怎么办?"

"我已差周隐去叫渥儿回来,刻下只等着他。"

严可求走出后,即会同徐温去看周隐,周尚未出来见客,"紧急公文"却摊在桌上,严、徐二人拿了后,着人用快马去召杨渥。

杨渥急急忙忙地回到广陵,老头子的"大限"还有个把月,之后就永别了,杨渥稳稳当当地袭位。

大权在握之后,杨渥记起周隐的"变相的政变"这一套

来,把他叫到面前,摆出一副教训的样子:

"你周隐打算出卖我!你还有面目可辩驳吗?"

禀赋憨直的周隐当然无话可说,于是他被处决,将佐们听到杨渥在算老账了,无不惴惴难安。有的趁此机会逃奔到湖南找马殷去,或逃到自己认为最安全的地区去。

杨渥虽然在居丧,但是依然酣饮达旦、通宵作乐,他似乎有意要证实周隐所说的一点也不假。

他定制十围的大烛,为的是要玩玩他的球。这支特制的巨烛价值数万,而数万在小百姓听来,可能会很吓人,但在大少爷看来,不过是九牛一毛。

有时,大少爷军骑出游,侍从及副官不即不离地在暗中保护着,但说来谁也不相信,不一会儿,他已经神龙见首不见尾了!谁也不晓得他躲到哪里去了,任你派出多少人马四处分寻,走遍了东街西坊、南楼北苑、秦楼楚馆、柳巷花街,哪儿有一点消息,哪儿有一点踪影?回来报信的统统是"没找到!"人到哪里去了?在光天化日、朗朗乾坤之下,人是不可能会失踪的。最后,有人疑心他去最偏僻的私娼寮看他的老相好了,这怎能叫人料得到呢!

左、右牙都指挥使徐温、张颢联合泣谏,要求杨渥无论如何要彻头彻尾改过。

"照你俩看起来,我似乎完全不是那块料吧?那干脆把我宰掉,你们自己来做就行啦!"杨渥不但不买账,而且还摆出一套近乎不可理喻的"反威胁"姿态,活像下三流的"小太保"。张、徐二人想，杨渥既然这么说，看来只有这么做才能符合他的要求。

杨行密在的时候，有亲军数千扎营于牙城之内，杨渥想以此地为射场，于是把亲军尽数搬到城外。

当时，江西的洪州有骚乱，张颢、徐温命亲军的三位指挥使跟随大将秦裴去平乱，三将遂留戍于那里，于是张、徐二人硬扣帽子说三将要谋叛，另差别将陈祐前往诛杀。陈祐间道兼行，飞速赶到洪州，微服怀藏短武器，径入秦裴的行营。秦裴大惊，陈祐把密令掏出后说明一切！于是他们请三将会餐，酒饭过后，陈祐面斥三将助纣为虐，立即将他们拿下斩首示众。

三将被斩的消息传到广陵后，杨渥很想替他们报仇，把张颢、徐温搞掉。

但事变来得比杨渥想象的还要快得多。那天，杨渥照样来办公。张颢、徐温率领着二百名"牙兵"，全部刀锋出鞘地直入庭中。杨渥还算有种，站起来问：

"你们二位是不是打算要我的命？"

"对不起，我们不敢这样放肆，我们不过是想把你那些为非作歹的爪牙，好好地清扫一下罢了！"

接着，他们把名单摸出来，按名单清点姓名和罪状，报一个抓一个，一拉到庭心，立刻以大铁锤击杀！

从此之后，杨渥把军政大权恭恭敬敬地让于张、徐二位指挥使，这叫作"杨老抽嫩鬈，堪作打钟槌"。

二、"临时导演"严可求

杨渥对于张颢、徐温的专政气得牙痒痒,但始终想不出先下手为强的计策。张、徐二人察言观色,他们何曾不明白,于是计划把杨渥推翻后,向梁称臣。

这项密谋终于由张颢负责实行,张遣其党徒潜入王宫,在杨渥的寝室要了他的"王命"。大事完毕后,张颢宣布"杨渥患急症,业已死亡多时",接着召集将士吏佐开会。那条通往军府的大马路上全是荷枪露刀的戒严兵,军府的庭中、堂上也是如此。

诸将报到时,必须先解除武装,然后才准许进入。

会议召开时,张颢当然是"主席",只听他凌厉地猛吼着:

"标准'大太保'杨渥已经死翘翘了,军府该由谁来主持?"

他猛吼了三遍,没有一个人敢吭气,情况完全是窒人的"夜墓"气氛。

对于一个一朝大权在握而逐渐失去理智的"半人半兽"来说,尴尬的局面必须立即打开,否则后果不堪设想。机智的严可求以极其温驯的语调,上前说道:

"军府这么庞大,四境又是多事之秋,这副重担除了你大将军来挑,还有谁配?不过——"严可求把话锋一转,稍为停顿一下后,以抑扬顿挫的柔调继续说下去,"不过,今日这么一来,似乎未免太嫌仓促!"

"怎么见得是太仓促?"比起刚才凌厉无比的猛吼来,张颢的口气显得温和多了。"刘威、陶雅、李遇、李简，以上'四大金刚'全是杨行密的旧将，手下武力鼎盛，与你大将军的地位完全相等，要是你现在自立，他们会俯首帖耳、乖乖听话吗？"严可求的词锋至此又告一顿，接着忙替他开辟一条可行的途径："所以，依我看，不如暂立一个'幼主'来做名义上的领袖，大权则在你手内，诸将包括以上四位方面大员，哪一个敢不服从？"

作为一个粗人，张颢的脑细胞一时没转过弯来，半天说不出半句话来。他对于这幕既未经"导演"同意，又未经事先"彩排"的短剧，是无法"收场"的。

临时执传声筒的"导演"——严可求遂屏退左右，急急地书写一纸，放在袖内，指挥在座的同列将佐到节度使住宅道贺，观众变成演员，好戏要看到底，大家都跟着去看个究竟。到达目的地后，导演即把"袖里乾坤"搬出来，原来竟是太夫人史氏的旨令——大意是：

"先王创业艰难，嗣王（杨渥）不幸早世，隆演（杨行密的三少爷）次当立，诸将宜无负杨氏，善辅导之。"

词毕，张颢的一张脸由红转白，由青转黑，气得青筋暴涨，但又无可奈何，谁叫他不练习预演就想登场执导啊？

"严导演"的临大事而无所畏惧的胆略、见识与从容不迫的神情，让一个号称最英勇的将军——行营副都统朱瑾，佩服得五体投地，朱瑾观看完这幕有趣、生动、大胆、刺激的活剧后，立即到"严导演"的公馆叩拜：

"我朱瑾十六七岁时就跃马横戈、冲锋杀敌,从来不晓得世上还有什么可惧怕的。但是,今天面对张颢,不自觉地畏惧、慑服而流汗了!而你严先生,手无缚鸡之力,凭着天地间的正气,从从容容地把那只兽性大发的'野老虎'制服,这样比起来,我朱瑾不过是'匹夫之勇'罢了!怎么能跟严先生的'大勇'比拟呢?"

朱将军硬是要拜严可求作"义兄"。

但严可求并不是只有这一套而已,以后的才是"本事"呢!

当他看到张颢任命徐温为浙西观察使时,立即去跟徐温面谈:"你舍弃了牙兵而出镇外藩,你要特别注意,张颢一定先给你扣顶大帽子——弑君。"

"那该怎么办才好呢?"徐温没有想那么多,被点醒后几乎要跳起来。

"张颢刚愎自用而对事糊涂,要是你肯'合作'的话,兄弟当替大将军想想办法。"

"谢谢,只要你能帮忙,我一定合作到底。"

这一条有力的内线,被"严导演"紧紧抓牢,到时,"严大导演"会派他上场,扮演应演的角色。

严可求去会见参预军府大政的第二号角色——李承嗣。

"张颢目空一切,凶横,狠毒,蛮干到底,现在他大权在手,即派'老徐'出镇于外,这不简单吧,我担心'老徐'被'开除'后,就轮到你!李将军。"

"对啊!"李承嗣深以为然地点点头。

"对时局演变要多多留意才是，千万不能糊涂。"严可求摆出一副完全是"标准导演"的口气吩咐着。

严可求去拜访的第三个人才是张颢大将军。

"大将军要把徐大将军派去外藩坐镇，外边到处都是谣言，说'你要抢夺他的兵权，然后把他宰掉'，大将军一向忠厚行事，怎么会有这种可能呢？但是，光凭这一点看，谣言是多么可怕、多么厉害啊！"

"严先生，你要明白，这是我的幕僚的意见，不是我的本意。"张颢赶紧辩明，显得局促难安，"现在命令已发布了！依你看，该当怎么办才好？"

"要想叫徐大将军不走，那还不简单！"严导演把话说得轻松平常，但戏剧的第一幕至此已告一段落。

第二天，严可求邀请张颢、李承嗣都到徐温府上去，看茶坐定后，"严导演"一反平时温恭的常态，睁大了眼睛，以无比严厉的口气责备徐温：

"古人对于一饭之恩尚不敢忘，你徐大将军是杨家的老将，如今幼主刚立，正是多事之秋，你怎么可以自求安逸、出外坐镇呢？请问这说得过去吗？"

"倘使诸位不弃的话，我到哪里都一样的！"徐温喏喏着，他有意听从"严导演"指导他应扮的角色。

徐温就这样被"严导演"留了下来，来应付这个"多事之秋"。

事后，张颢感到处处让严可求一人导演到底，未免太不像话!于是,他差人化装为盗,来盗取"严导演"的脑袋。

大盗突然"大驾光临","严导演"心中明白,这回可逃不了了。于是,他仍摆出从从容容的态度来:

"请坐吧,蒙面先生!我晓得你光临寒舍的任务是什么。现在让我写张辞别'府主'的条子,然后随你的便!"说着,他研墨蘸笔写起来,蒙面先生把亮晃晃的钢刀指到他的胸前,严导演全无惧色地奋笔直书。

没想到,执着钢刀的蒙面先生也识字,在五代中,这是万分难得的。他居然有耐性地站在案边,欣赏着"大导演"的书写。当英雄读到其辞旨的慷慨激昂之处,不自觉地收起钢刀来:

"你是了不起的贤人,我不忍下毒手,对不起,我要走了,但不能空手回去'付账'呀!你有值钱的东西没有?"

大盗要些钱财后,回去向张颢交账:"人找不到,东西倒要了些来!"

"我要的是那姓严的小子的脑袋,谁要这些玩意儿!"张颢斥责他一顿后,把宝货撂在一边。

但,严可求可不能随便"报警"了事、撂在一边呀,他必须有所行动才行!虽然他手无缚鸡之力,但庆幸的是,他的脑细胞足够多,可派上用场,而预先布置下的那枚棋子是时候拿出来了。他向徐温报告,并要求徐温先下手为强,因为一山不容二虎,迟早都是要火并的,与其等待人家去布置,不如自己来安排。

严可求替徐温安排了一个最妥当的"狙击手",这名"狙击手"带了三十名壮士,直入军府,斩张颢于牙堂上,连其左右亲信一起扫清。

大事定妥后,徐温立即公布张颢弑君(杨渥)的大罪,并到西宫向太夫人(杨行密的老婆)说明经过。

又听到"政变"的太夫人吓得面无人色,啼啼哭哭地道:

"我的儿子太少了!我常常听到流血、争斗,算了吧,徐大将军,我求求你,让我们全家百口平安无事地回到老家庐州去吧!这就是你给我们杨家最大的恩惠,我感谢你。"

"张颢弑君,他应当被正法,你不要怕,更不要胡思乱想,我保你平平安安地过日子就是!"徐温拍着胸脯保证。

当初,当张颢和徐温谋弑杨渥的时候,徐温的意见是,如用左、右牙兵,恐怕不易取得一致的行动,欲以"右牙兵"单独行事。张颢不同意,于是改用张的部队"左牙兵"。如今,张颢的脑袋在地下打滚,徐温就有更堂皇的理由可说了:"弑杨渥的全是左牙兵。"于是,徐温穷治逆贼的死党,全吴国尤其是广陵人,都认为徐温没有参加那次"政变",他的双手是干净的。

此刻,军政大权及左、右牙都指挥使的职衔全落在徐温的手里,他成为炙手可热的人物。"严导演"呢,他的戏路也完了,谢了幕,出为扬州司马。他才是一个名副其实、智勇兼备的读书人。

三、养子徐知诰

徐温的个性沉着、毅勇，虽然做到了大将军，权倾内外，但他自奉简俭，戒绝奢侈。奇怪的是，虽然他未曾念过书，但也能听讼决狱。他有一套别致的看法，即叫人把两边的供词摘要念给他听。一听之后，他立即进行口头判决。史上说"皆中情理"，本来嘛，法律不外乎人情，秉公听断的人只要不念乎"贿赂"，是没有"枉与纵"的。

张颢在他秉政的阶段，刑戮极为残酷并滥加应用，其亲兵纵横于市里，劫杀抢掠，无所不为，张颢皆充耳不闻。如今，徐温上台了，他对严可求道：

"大事已定，我与你们当努力推行善政，使得人人安心睡觉，路不拾遗，夜不闭户。虽然不易做到，但只要为政的人朝此目标去做，我相信总有达到的一天。"

于是，徐温立法度，禁强暴，施政的大纲初具，军民安定。他把军务之事委托给严可求，把财赋委托给支计官骆知祥，两人皆恪尽职守，奉公守法，从无苟且，时人称为"严、骆"。

徐温既把握朝廷的大政，杨行密的"四大金刚"——刘威、陶雅、李遇、李简，都以有大功而各据一方，心中未免有点"那个"，其中以宣州观察使李遇尤甚，他老是说：

"徐温是个啥东西？我根本不晓得有这么个角色，现在居然也能掌握朝廷的大政？"

有人劝他不要这样，还是到朝廷去拜见新王，顺便跟执政的新人物见见面，谈些建国救民的事。最初他还满口答应，但当劝驾者一再催促其上道的时候，气氛又遽行转变。

"请你还是入朝吧，不然的话，人家会说你要造反呢！"劝驾者的辞令用得不太妥，居然学会了扣帽子。

李遇大为光火："你说我造反，难道杀掉杨渥的，就不算造反吗？"

徐温和李遇终于无可避免地循着五代的常律走，彼此不买账，只有兵戎相见，谁的力量大，谁得胜了，谁就代表着"正义"和"真理"。

徐温的大将征讨李遇一个月后，最终无法把宣州攻下来。为了使战争尽早结束，徐温开始使用"亲情战术"。李遇有一个特别喜爱的小儿子，做到了淮南牙将，徐温把他解到宣州城下去，把亮晃晃的钢刀架在他脖子上，叫其父看看。这位李家少爷，虽官拜牙将，却忍不住钢刀的一架，居然大声号哭以求生。于是，李遇不忍再行战斗，不久就开城投降，哪晓得徐温突然耍出心狠手辣的一套，诛了李遇的全族。

一大金刚倒下去，其余的三大金刚就乖得多了。徐氏有意杀只鸡给猴看，他现在不过是个执政，你敢反对，哪年他才能做得了"王"呢？

这件大事平定后，徐温论功行赏，擢他的养子徐知诰为升州刺史。

提起徐知诰（即后来南唐的开国主李昪），也有一段故事。以后他要由配角自动递升为"王牌主角"，因此我不得不加以补充说明。

公元895年（唐昭宗李晔乾宁二年），杨行密攻打濠州，士兵抓到一个小朋友——姓李，徐州人，只有八岁。杨行密对这位小弟弟很有好感，因为他相貌生得很像样，言辞、谈吐都很不错，就认他作"养子"，但杨家大少爷——花花公子杨渥先生——很不乐意，说什么也不让他进门，杨行密无法，就把这个孤儿转送给爱将徐温，殷殷叮嘱：

"这位小朋友的长相、品质、性格、智商，都和别的小孩不同，我家的'特大号'是不会容纳他的，现转送给你吧！请你多多爱护他！"

徐温遂替捡来的小朋友起了一个徐氏族谱上的新姓名——徐知诰。

徐知诰跟随着徐温，比他的亲儿子要勤勉孝顺得多。他曾经得罪徐温，徐盛怒之下，好好地给他修理了一顿，把他赶出门去。徐温消气后回来，徐知诰仍迎拜于门前。

"为什么还待在这儿，我已把你赶出去了！"

徐知诰涕泣答道："做子女的舍弃父母，将要到哪里去好呢？再说，父亲火了，则到母亲那边去，这是人之常情。"

徐知诰说得有理而感人，由此徐温特别喜爱他。于是，徐温派他掌管家中事务，他把家中事务处理得井井有条，家人全无"第二句话"可说，确实是不容易！及长，徐知诰喜欢读书，也善骑射，论气度，谈学识，各个方面的确不凡。杨行密看到一个人才的成长，很感慨地向徐温道："知诰人中俊杰，诸将的儿子都不及他！"

这是一个老去的英雄，以其锐利的眼光在赏识一个即将破云出岫的新英雄。

徐知诰奉事其义父非常孝谨，而他本人又能安于劳辱。有时，他可以通宵不解带、不睡觉地工作或服侍养父，徐温常对其亲子们道："你们服侍我，能像知诰那样孝顺吗？"

平定李遇之后，徐知诰因功而升为刺史了。如今，知诰是方面大员了！他选用贤明廉洁的能吏，修明政教，招揽四方的士大夫，倾家资，无所爱惜，唯以交结贤能为务。

好纵横之术的洪州进士宋齐丘，就是在这个时候和他拉上关系的，知诰辟他做推官。

四、徐知训，不知训

徐温的大少爷——徐知训，时官拜吴国内外马步都军使、昌化节度使、同平章事。他跟杨家的大少爷杨渥，是同一只窑烧出来的两个"坯坯"，吃喝嫖赌，酒色财气，无一不精，就是应分儿的偏偏不精。这类货色，作为一个平民，尚且为害于社会，而今居然是当朝一品大员。其父坐镇金陵时，命其暂行秉政，其为祸为害之惨之烈，简直是到了无法无天的地步。

徐知训听说，威武节度使、知抚州的李德诚，拥有一群优秀的歌伎，她们个个都是准"西施"，非常美丽清秀，不论是姿色、卖相还是语言方面都够标准。

涎液拖得三尺长的徐知训,立即派侍从副官去要。

李德诚的答词极婉转:"你误听外面的风言风语了,徐大少爷!我家的'团员'个个都是丑八怪,有的已徐娘半老,有的是子孙成群,怎么能拿这类的货色给你'服务'呢?但请你放心,我一定会挑选并训练一批年轻的来给你。"

碰了一鼻子灰的徐大少爷,火了,虎虎地望着使者道:"姓李的居然不买账,我把他宰掉后,不把他的老婆弄来做姨太太才怪!"这是徐大少爷的标准"太保"的行径之一。除此之外,还有戏弄吴王杨隆演。

徐大少爷叫杨隆演一同登台演戏,他要培养国王的戏剧兴趣,进而成为他的戏剧同道。

幕开处,徐知训扮演"参军",威风凛凛地在走台步,吴王杨隆演扮的则是"苍鹘"(仆役),鹑衣百结,猥琐地端着参军帽,紧跟在一边,台上的人物如此,正象征着台下的角色也差不了多少,左右无不为之唏嘘。

徐大少爷对于玩有浓得化不开的兴趣,他请杨隆演一同去浊河泛舟,国王未征得他的同意就想起行,徐知训立即就拉起强硬的橡皮筋,请他吃弹子。

又一回,二人同到禅智寺赏花,三杯酒下肚,知训的酒性汹涌起来,把姓杨的祖先十八代都嚼蛆似的咒骂,其态度之强横使杨隆演哭泣了半天,四座都为之股栗,以为一场无可避免的祸害马上就要发生。为求息事宁人,左右扶王登舟先走,徐知训立即乘轻舟追赶,确认赶不上后,徐知训以大铁锤挝杀杨隆演的亲吏数人。将佐没有一个人敢把这种无法无天的事向徐温报告，徐温也全被蒙在鼓里，一点也不晓得，他总以为他的宝贝儿子蛮好，很像一个"人"呢！

另外，徐大少爷的恶名还有酷待兄弟。

徐大少爷有四兄弟，他与二少爷徐知询最瞧不起"家中的假子"徐知诰，在这一点上，独独三少爷徐知谏是例外。知训曾以老大的姿态，请众位兄弟聚餐，徐知诰认为人家素来瞧不上他，因此无意参加。大少爷的"少爷脾气"立时炸开："小叫化不吃我的酒，大概是准备吃我的剑吧！"

第二趟再请客，徐知训先把刺客埋伏好，一定要"小叫化"——徐知训一向这样称呼徐知诰——参加，盛情难却之下，"小叫化"只得前来应卯。一行人刚刚坐定，好心的三少爷立即蹑手蹑脚地告诉他"危险"，机警的知诰马上装作肚痛，要到"一号"去一趟，然后从"一号"溜之大吉。等了半天见徐知诰不回来，大少爷的"少爷脾气"又发作了！他把剑授给刺客："去把那小叫化的脑袋拿回来，快！"

刺客以快马赶上，在中途举剑比画做一下样子，即回去复命："人走了，赶不上。"

这样一个无法无天、无恶不作的大少爷，没有一个人敢"修理"他吗？当然不是！如今，有一条铁铮铮的"硬汉"——朱瑾，就是那个拜严可求为"义兄"的英雄，要好好地教训他一顿。

徐知训恨朱瑾的地位比他高，乃置静淮军于泗州，派朱瑾为静淮节度使，朱瑾气得咬牙切齿。他曾派家伎去问候大少爷,大少爷一把把她抱住,硬要就地解决他的"紧急问题"。家伎逃脱,奔回报告后,朱瑾气得剑眉森竖,杀机遂起。不过,自从交上了严可求这位大哥后,他显得"粗中有细",每个脑细胞都被好好地派上用场,不再鲁莽行事了。

心中藏着一团怒火、面上堆满笑容的朱瑾,对徐大少爷的态度格外恭谨。他自家有一匹爱马,冬季藏在帷幄里,夏天是放在帱帐(避蚊子)里。换句话说,他几乎是夏天把它送到冷气开放的"水藏室"去,冬天则送到有"热水汀"的"保温室"去,可见他对这匹马的厚爱。

那天,他邀请徐大少爷到他的别墅去"吃饭",他自己捧觞,连请干杯,然后叫绝色的女伎出来歌舞陪酒,末了还把那匹"名马"恭送,把徐大少爷弄得晕乎乎的。接着,朱瑾要自己的太太出来拜见,在封建时代的礼节上,这是一项最最友好的举措。朱瑾礼请大少爷移步中庭,当朱太太和徐大少爷在按礼节行见面礼时,朱瑾拔出预藏的朝笏,自后面瞄准他的后脑就是狠命一击。以朱将军的蛮力,这一下的力道足有八九十公斤,这力道普通人尚且吃不消,何况是文弱的大少爷?徐知训立即扑倒在地,四肢抽搐,预先埋伏在房内的壮士跳了出来,手起刀落把徐家大少爷送到阎王那儿去报到了!这是一个恶贯满盈的"坏蛋"应有的下场,他跟杨渥走的全是同一路线。

朱瑾粗中有细,他的另一掩耳法是,先系两匹悍马于帘下,叫人按计划行事。当徐知训被请入内会见夫人时,其仆役即解开两匹马,两匹悍马互相蹄踢,声音响亮而嘈杂,把众人的注意力都吸引到这件事去了，徐大少爷连哼都没哼就倒在了地上，他随身的卫士们一个也不晓得，还以为他又有"新相好"呢！

这时，朱瑾提着徐知训鲜血淋漓的脑袋，出现在众人面前："请大家看看这个，是谁'掉'下来的？"

徐家大少爷的数百名侍从、护卫，马上如鸟兽一般各自逃之夭夭。

朱瑾提着那个"血头"像提着一个烂西瓜一样，直直闯入吴王的王宫。他一踏上台阶，马上将其提得高高的给杨隆演看："大王，我已替您除掉一害了，您该请我客啦！"

杨隆演吓得软了手脚，连张开眼睛看看这个平时专门为难自己的死敌的勇气都没有。他慌忙以衫袖掩遮着面孔逃到里面去，嘴里不停地说："阿舅，你自己一人做事一人当，与我无干，我统统不晓得。"

"小子不足以成大事！"朱瑾感叹着把那颗脑袋狠狠地向殿柱掷去，头颅粉碎，散落于地，然后，朱将军挺剑而出。

这时，子城使翟虔（徐温的部下）已得到消息，关闭府门，勒兵来讨。朱瑾的前路已不通，改由后面翻墙而走。墙高，他失足而坠，看着追来的人说：

"我为万人除害，自以一身来担当！"说罢，他不等人家动手，立即自刎。

他是五代时铲除"大强横"的大英雄，敢面对现实，不计较安危，有决心，有勇气，一心一意为民除害。

五、由当家到秉政的养子

当时，徐知诰在润州，他听到广陵发生大案，遂采用宋齐丘的献策，即日引兵渡江。当他到达时，朱瑾已死，军府的政务自然而然地落到他的头上。因为徐温的儿子均尚幼，徐知诰终于奉命而秉有吴政。徐知训辛辛苦苦经营的，到头来是一场空，应得的人终归是得到了。

朱瑾的尸体被沉在雷塘，全族遭诛。

一个月后，徐温回广陵，想起长子的死亡，颇为怀疑诸将参与朱瑾的预谋，欲大行杀戮。徐知诰、严可求认为，如此一来，冤枉负屈的无辜者可就多了。不得已之下，他们只好把徐知训为非作歹的罪状一五一十地胪列开来，细细说明徐知训完全是在搞"玩火自焚"的勾当。至此，"知子莫如父"的徐温才明白，过去管教不严，以致禀赋资质中下的徐知训，终于顶不住"社会大环境"的物质引诱，而坑害了自己。于是，在理智与情感的砝码达到平衡时，他命人去雷塘把朱瑾大英雄的骸骨捞起来，予以礼葬。另外，他对将佐统统予以适当的处罚，因为他们未能适时地纠正徐知训的错误。其中只有一个将领，常有规劝徐知训的行为，徐温特别予以嘉奖。

一切的庶务纳入正轨后，徐温还是出外坐镇金陵，总领吴朝大纲，其余的庶政全由徐知诰一人裁决。

徐知诰正式当起"家"来。他的作风和徐知训完全相反。首先，他以臣子应有的礼节去对待吴王杨隆演，这使杨隆演感到，原来他还是有"王"的样子和尊严的；其次，知诰在接待士大夫方面，也尽可能地谦恭，给士大夫这一群体留下了难以磨灭的好印象；至于对待部下，他多选择宽宥加原谅，以合情合理的态度替人家解除一切的困难，不使任何人存有作奸犯科的念头。他的政绩是：

以吴王的命令，蠲免唐昭宣帝李柷天祐十三年以前的欠税（公元916年以前的，吴一直奉大唐为正朔，不管朱温的篡位改元），其余的等候丰年时再输纳。这等于公开说，那些惹人厌烦的欠税统统蠲免了。反正横竖也收不到，不如慷慨地免除，皆大欢喜。

吴国还有"丁口钱"（人头税），有田地的还须计亩输钱。有了这两项要命的苛捐，人民甚为苦恼。揽军权的宋齐丘跟徐知诰道："钱不是从事农耕的人直接生产的，现在有了'丁口钱'和'计亩输钱'，不是叫人舍弃农事而从事商末之道吗？请首先蠲免丁口钱，其余的税赋可用米谷、布帛来缴纳，绸绢一匹值千钱的，可以抵税三千。"

宋齐丘的一套封建式经济理论，纯粹着眼于"民为邦本"的农业经济。

有人加以反驳："如此一来，地方政府的收入，一年就要失去亿万钱之多。"

"民富则国富，哪有民富而国家贫弱的道理？"

徐知诰认为宋齐丘说得蛮有理，于是采纳他的理论。从此之后，江淮千里间，旷土荒地尽行开辟，绿野平芜，桑柘满野，国家富强起来了！

徐知诰和宋齐丘接近，并事事以他为谋主。而当徐知诰想进用他时，徐温颇不高兴，因为他不喜欢纵横捭阖、富有投机性的人物。但徐知诰的观点却不同，他认为宋齐丘的那一套学识，对于当时的特殊环境有若干可取的地方，只要自己能多多甄别，从而加以抉择施行，总是有益的。

徐、宋两人要好得几乎同穿一条裤子。每当夜幕低垂之际，他俩的背影就双双出现在水亭畔，促膝而谈，直至夜半。有时候，二人对坐于堂上，悉去屏障，独置大炉，面对着面，彼此不说话，拿铁箸画灰作字。过后，即以匙把字抹掉，所以他俩究竟谈了些什么，便无人知晓了。

徐知诰在广陵坐镇的政绩"考语"是"求贤才、纳规谏、除奸猾、杜请托"，可谓上佳。

于是，士民翕然归心，虽宿将悍夫，无人不悦服。

在一片赞叹之声中，偏有一个人不买账，那就是严可求。他老是劝徐温用他的"二少爷"徐知询来秉握朝政，不让义子出风头，这是一种褊狭、嫉妒的心理。

严可求的搬弄，让徐知诰不得不想办法来应付，经与骆知祥筹谋，徐知诰把他迁出去做楚州刺史。

严可求受命后，径赴金陵（今南京）向老上司献计：

"我们吴国至今仍奉大唐的正朔，常以'复兴唐室'为口号。如今，朱、李（朱温和李存勖）激斗正酣，朱氏日衰，李氏日强。假使李氏一旦有了天下，我们怎么会向他北面称臣呢？不如先建立吴国以维系民望，让人知道这儿还有一个专以'复兴唐室'的吴国在。"

听了这一席远景灿烂的政治理论后，徐温非常开心，当即留下他参总庶政，使草具礼仪。

攻不倒这个"政治不倒翁"的徐知诰，立即改变策略，采取拉拢手段，彼此成了"亲家翁"。

六、知子莫如父

现在，吴国"由王变帝"的戏法，又在严可求"大导演"的执导下，紧锣密鼓地进行着！公元919年，徐温率将吏联名请吴王杨隆演称帝。杨隆演强辞，只是即吴国王位，却大赦改元，建宗庙社稷，置百官，宫殿文物，皆用天子礼。他以徐温为大丞相，都督内外诸军事、诸道都统等，以徐知诰为左仆射、参政事兼知内外诸军事，以严可求为门下侍郎等，其他各官俱加封在案。

徐温父子专政，吴王始终未有"不平之意"形于色，显得开明、大方、胸无城府，也不嫉妒，这一点让徐温相当满意。建国称王之后，吴王也没有什么可高兴的，他经常沉湎于喝酒，很少吃饭，于是不久之后就卧病在床。

第二年，徐温自金陵入朝，意在替吴王立后嗣。

希旨承风的马屁客趁机讨好："《三国志》上说，蜀先主刘备于临终托孤时，对诸葛亮说：'我的犬子阿斗不是材料，你自己来干吧,诸葛丞相!'大丞相,您对这句话也会认同吧?"

"我如果有意窃取吴国,早已在宰了张颢的时候就动手了,何必还要等到今天?哪怕杨行密的后裔只有女的而无男的,我也当立一个来做继承人,这种窃位盗国的话,希望大家以后不要乱说,否则不要怪我姓徐的不客气!"徐温一本正经、义正词严地教训着。

一直到他寿终正寝(公元926年),徐温始终克尽臣职,不存逾越之想,在五代史上,这是颇为难得的。

从张颢、徐温合作干掉杨渥,再到张、徐的火并,严可求明显是站在徐温这边的。正因他素来忠于徐温,并且拥护到底,所以徐知训的秉政,他也仍旧拥护。只是他不喜欢徐知诰,一来知诰是养子,二来知诰的才能比较高,不易驾驭。

徐知训既死,朝政落在徐知诰手里,严可求老是酸溜溜的不开心,他请二少爷徐知询正式出面向其父要求收回徐知诰的军政大权:

"爸,你明白,知诰并不是徐家的人,怎么可以把军政操在他手里?我看还是由我来吧,我已长大了呀!"

"你,你们,你们的才干、操守,能及他吗?你不撒泡尿照照自己的尊容,摸摸自己肚内的货色。"徐温是一个顾全大局、从大处着眼的干练政治家,他不愿以"下驷"去顶"上驷",因为军政是要务,不是任何一个平凡的人随便过问得来的。

徐知询碰了一鼻子灰,幕后主使严可求只好厚着面皮,自行出面游说了。但徐温的说法更特别:"知诰孝顺,恭谨,听话,我为什么要平白无故撤换他呢?让他好好地干就是了。"

而徐温太太的话更为合情合理:"知诰是在我家贫贱的时候养的,怎么可以在富贵的时候反把人家赶出去,严先生,你看这说得过去吗?"

不理会这一套说法的严可求,仍以锲而不舍的精神絮叨不已,他是下定决心非把这个集团搞得"既传统又正宗"不可。

但深明大义的徐温偏不吃这一套,这真是无可奈何的事。

徐温辞别那个世界后,吴王即皇帝位,以徐知询为诸道副都统、镇海宁国节度使兼侍中,加徐知诰都督中外诸军事。

官衔、权位、实力导致了徐知询与徐知诰的直接火并,当然,这背后有人在拼命煽风点火、加油喝彩、摇旗呐喊,双方都有,并且旗鼓相当。

七、豪侠申渐高

"四大金刚"之一的李简——徐知询的老丈人,官拜武昌节度使兼侍中,因年老多病,求还江都,吴王予以批准。老头儿来到南京附近的采石,骤然翘了辫子,徐知询把李简的亲卫兵两千人截留在金陵,作为自己的基本部属,并代为表报,要求朝廷发表让李简的儿子李彦忠(徐知询的小舅子)代其父坐镇鄂州。徐知询想借这一突发事件,扩充自己的势力,明眼人一看都明白。

朝政在握的徐知诰不答应,他自己有适当的人选。

没有达到预定目的的徐知询,气得暴跳如雷:"噢,你的姻亲刘崇俊,可以三世紧抓着濠州的地盘不放,我呢?不错,李彦忠是我的'妻族',依照情理来讲,有什么不可?"

这是正面冲突的序幕。

对这位要与他争权夺地、握重兵而据有上流的"徐氏正宗"的弟弟,徐知诰伤透了脑筋。

内枢密使王令谋加以劝解:"你已辅政多年,怕他做什么?挟天子以令境内,哪个敢不听话?徐知询年纪轻轻,能有多少人愚信而向其归顺,依我看,他还早得很呢!"

王令谋所说的话一点也不假,徐家二少爷虽然尽量在做收拾人心的工作,但那是表面的、矫揉造作的、不是出于内心本意的,有他对待其亲弟一事作为反证。他的胞弟都吃不消"二哥"的这一套,整天怨天怨地。

一个名为徐玠的门客,看穿徐知询是个不成气候的主儿,乃投入徐知诰的集团,把徐知询的缺点一五一十地搬出来。

徐家二少爷的内部有不稳的现象——亲叛而后众离。

接着,徐知询又做错了一件大事。吴越王钱镠送给他整套金玉鞍勒、器皿,皆外饰龙凤,他向来粗心,也不搞清个中的含义,就拿来派用场。

典客周廷望假装好意地劝告徐知询:

"假如你能够舍得一些财帛来结交朝廷中的勋旧大臣,使他们归心于你,还有谁会拥护徐知诰呢?"

"有理，说得妙！"徐知询频频点头，立差周廷望带着大批金银财货去活动。周廷望跟徐知诰的亲吏周宗善最要好，偷偷把一些财货转给徐知诰。相反，他也把周宗善那边得来的消息告诉徐知询。

徐温逝世，徐知诰以在老父的根据地办丧事为由，召徐知询来奔丧。徐知询何曾不明白，奔丧是假，扣押是真，于是他要出最有理、最堂皇的挡箭牌："吴王不许"。

棋高一着的周宗善趁机劝说周廷望："满朝都在说，徐知询有'不臣七事'，最好劝他马上入朝谢罪，免得有了麻烦，到时候懊悔也来不及。"

未审明应召后果的徐知询，终于在翌月入朝！一只在山中活跃的老虎终于被骗入牢笼，徐知诰任命他为统军，变相地将他扣留，另外派人把他的"金陵兵"也征还江都。现在徐知询还剩下些什么，连他身上的"自由"已不属于他自己。

局势演变至此，徐知诰才名副其实地掌握朝政。

下面是被软禁的人物与其兄吵嘴的对话：

"阿爸死后，你是'大哥'，怎么可以不来奔丧呢？"

"奔丧，多动听的名词呀！"徐知诰几乎想笑出来，"你排列着刀枪剑戟想借着'奔丧'的时候，把我扣押起来，试问我会傻到自投罗网吗？"徐知诰有意给他一点启示，在政争的较量上，徐知询还属于初段，太幼稚："现在，我要问你，你身为人臣，怎么可以'畜乘舆服御物'，把排场弄得像帝王一样？"

"人家说你想造反，你比我更渴望做皇帝。"徐知询无话可说之余，突然抬出这种毫无根据的话来反驳。

"谁说的，说话要有人证、物证，不能凭空捏造以坑人。"

"周廷望！"

"哦！原来是他哇！我告诉你，说这种话，把你的阴谋和盘告诉我的，也是他。"

"原来他还是一个'两面人'呢！"徐知询如梦初醒般睁大了眼睛，不停地拿手击着自己的脑袋。

"两面人"在"西洋镜"被拆穿后，被送上了断头台。

公元929年冬十二月，吴王加徐知诰兼中书令，领宁国节度使。徐知诰成为吴国权倾内外的宰相。

徐知诰加官后，自然免不了要庆祝一番，徐知询也是贺客之一。

徐知诰酌满酒，亲自端给其弟："祝弟寿千岁！"

这一回，徐知询的警觉性提得老高，他明白酒内准有"氰化钾"之类的东西，一点儿就可毙命。于是，他抓起另一只酒杯，匀出一半，跪在徐知诰的面前："愿与兄各享五百岁！"

糟了，徐知诰马上变色，两边张望，始终不愿接受这"五百岁"的一杯酒，一如人家不愿接受"千岁酒"一样。

尴尬的局面就这样彼此僵持着。

此时，一个豪迈过人、卓尔不群的人物——伶人申渐高蹭上前去，嘴里尽说些笑话。突然他伸手一抓，把两杯酒合在一起吞下肚去，将两只金杯揣在怀里，径直走出去。

徐知诰目睹一个豪侠的人骤变成"替死鬼"。他慌忙差人拿"良药"去解救，但已经太迟，伶人申渐高已七孔流血，断气多时了。

这是一个真正的"市井游侠"，他牺牲了自己宝贵的生命，化解了人家家庭里的纠纷。

徐知诰的这一手，虽然够凶狠、够毒辣，但自从用这件事给了徐知询一个严重警告后，徐知诰也就放过了他，并无意要他的性命。否则，职业"拽击手"满街满路都是，徐知询能逃得过吗？这还是不得不归因于徐知诰做人的厚道。

当徐知询自金陵入广陵时，他在路上碰到亲胞弟老三——徐知谏的灵柩。知谏自幼即是知诰的忠实兄弟，此次知询被召入朝，有他当主谋之一。徐知询理起旧恨与新悲，抚棺大哭："有弟用心如此，我也没有啥遗憾，但你终归是徐家的骨肉，请问你还有啥面目和先王相见于地下？"

镇南节度使、同平章事徐知谏既然逝世，遗缺由其兄徐知询代。知询已失去根据地，无能为力了，更不是徐知诰的对手，徐知诰把"自由"慷慨地还给他。

这仍不得不归因于徐知诰秉性善良。

大事的布置既已妥当，吴国中书令徐知诰表称，辅政岁久，请归老金陵。现在，徐知诰把徐温的老地盘原封不动地接收了过来，他要在这儿开辟他的新天地，替子孙创立一个王朝。他留下其子——徐景通，兵部尚书、同平章事，知中外左右诸军事——于江都辅政。

公元931年冬十二月，徐知诰至金陵——南唐的开基，不妨从这一年算起。

八、南唐开国

　　徐知诰在金陵大建宫城，表面上说起来是准备迁都，实际上想干什么只有天晓得！

　　不论在广陵或金陵，徐知诰早已打好称帝的算盘，但吴国的傀儡皇帝并无啥失德的事，一时找不到借口，那只有"等候"了，等待他寿终正寝再说吧。

　　一日，他独自临镜，用镊子拔白髭，喟然叹道：

　　"国家倒是安定下来了，但我却老了，岁月不等人呀！该怎么办呢？"

　　承风希旨的人物最懂得这喟叹的含义及应采取的步骤，遂请求吴王禅位。

　　事有凑巧，徐知询也在此时翘了辫子。此刻连半个看不顺眼的人物都不存在了，那为啥不放手去干呢？

　　等来的却是封王，加九锡，封大丞相、尚父等。

　　徐知诰坚辞不要，他心目中想要的是那顶"皇冠"。他把徐景通召还金陵，由其次子左仆射参政事徐景迁留江都辅政，命令尚书陈觉加以辅导。

　　他再三吩咐陈觉："我年轻的时候，常跟宋子嵩（齐丘）讨论问题，彼此相互诘难、辩驳。有时，是我把他甩掉，独自走了；有时，是他拂袖而起，气愤地溜了！好几次，他卷了包袄，往秦淮门出走，我终是叫看门的不让他走。我现今老了，对于人情世故尚且未能洞悉，何况景迁现在年纪轻，就担当朝政，当然更需要的是教导人员，请你多多辅助他。"望子成龙的心情盈溢在他的言辞里。

徐温的老幺——徐知谔，官拜润州团练使，狎昵群小，游宴无度，荒废庶务，在牙城西面起了一列"违章建筑"，自行在那儿干起"逐什一之利"的勾当。徐知诰得知后，把徐知谔的左右叫到面前申斥一顿。其实在当时，徐知谔半官半商，有什么不好呢？只要不是囤积居奇，规规矩矩地营业，不与民争利，赚点毛利来补贴微薄的"官津"，于人情法理似乎都说得过去。但是自从他的左右被臭骂一番后，徐知谔自己也无法不害怕起来。

有人提醒徐知诰："徐温顶顶喜欢的就是老幺，他以后事交代给你！往年'知询失守'，议论纷纷，至今犹未停息，倘使徐知谔奋发有为而有贤名，养民练兵，我实在不明白，于你和你的子孙究竟有啥好处？"

一番话把徐知诰点醒过来，于是他让徐知谔自由发展，爱怎样就怎样，徐知诰反而对待他比以前还要好些！这叫作"听任人家去堕落"。

公元937年，坐镇金陵的齐王徐知诰，在百官劝进下受禅称帝，大赦改元，国号唐——南唐的招牌就此高高地挂在石头城上。

接着，自然是一连串应办的手续——封官拜相。

做了皇帝后，即有群臣请求皇帝恢复原姓——李。皇帝在八岁以前，即在被大兵掳去时本姓李，当然没有不允许的理由，趁着新朝建立，徐知诰顺便换了个新名——昇。

于是，李昇有令，外戚不得辅政，宦官不得干政。

这是他最贤明的措施，替子孙铺下了一条既较安全又较可行的路。

此外必须一提的是，有人献上一张"毒酒方"，但他鉴于那次和徐知询僵持的尴尬局面害死了市井豪侠申渐高，感到这不是好办法，遂断然予以峻拒：

"犯国法的，法律自有常刑在，要这个干什么？我要以光明磊落的态度来和国人相处，卑鄙、龌龊、权术、暗算，不是一个皇帝应有的行径。"

在五代开国的英雄中，李昇也算得是个够开明的顶呱呱的好帝王。因为他不愿意以卑劣、龌龊、权谋、暗算的手法来对付任何一个人。

李昇正是应了当时江南的童谣："东海鲤鱼（谐音李）飞上天！"

楚

（公元 907 年—951 年）

序

(文学部一年のとき)

第十八章
话说湖南的"马家天下"

一、三位归一体

刘建锋、马殷是两位作战勇敢的将领,他们属于孙儒的部下,而孙儒正是秦宗权的爱将。秦宗权在征讨淮南的杨行密时,孙儒这支部队被切断后路,粮食不济,最糟糕的是,士兵们都患着疟疾。当刘建锋和马殷分别率领士兵前去劫掠附近的州县时,孙儒被吃掉了!刘建锋与马殷收拾余众七千人左右向南逃去。部众共推刘建锋为统帅,马殷为先锋指挥使,以行军司马张佶为谋主,浩浩荡荡地冲入江西时,人马遽增至十万人之多。

公元894年(唐昭宗李晔乾宁元年),这支部队已挺进湖南的醴陵。

武安节度使邓处讷遣邵州指挥使蒋勋等人率三千步骑守龙回关。马殷行至关下,遣使者去跟蒋勋谈判,蒋勋以牛酒劳军。使者要出他特有的口才:

"刘建锋智勇过人,江湖术士说他当兴起在'翼轸之间'

（江西省），刻下带领着十万精锐，所向无敌，而阁下你只有数千乡兵，怎么能抵挡得住呢？不如先让我们过关，阁下富贵还乡，这不是对彼此都好吗？"

蒋勋认为这说法颇有道理，告诉乡兵道："东来的部队允许我们回乡。"士兵们都欢呼起来，统统舍弃了旗帜、铠仗，纷纷作鸟兽散。

刘建锋要士兵们穿上人家留下的盔甲，带着原有的旗帜直奔潭州，潭州人只当是自己人，没有加以防备，刘的整个部队直开进城去，径扑州府。节度使邓处讷正在宴客，当他搞清楚是哪方面来的"不速之客"时，他的脑袋已被刘建锋砍了下来。

刘建锋自称留后。翌年，朝廷承认他既得的势力范围，封他为武安节度使，马殷为内外马步军都指挥使。蒋勋求为邵州刺史，刘不答应，后蒋勋被马殷攻破。

当马殷在攻邵州，尚未克复之时，他的老上司已被人刺杀了。

事情的经过并不曲折。刘建锋当上节度使后，喜欢起杯中物来，天天紧抱着酒瓮，撒手不管政务。刘建锋不仅嗜酒，也好色，他见一个长直兵的妻子颇有姿色，竟不择手段把她搭上。做丈夫的当然不愿意平白无故地弄顶"绿帽子"来戴，乃暗藏一根"扁钻"，在某一个上天赐予的机会里，要了刘建锋的狗命。

这是士兵为摆脱"绿帽"，而直接向其顶头长官采取行动的大案。

将领们宰杀叛变的长直兵,即迎行军司马张佶为留后。

那天,张佶刚要走马上任,那匹坐骑突踢咬他,"老张"的左髀骤受伤。于是,他颇有自知之明地对各位将领道:

"马殷将军勇而有谋,为人宽厚乐善,这是我所不及的,他才是你们的统帅。"

于是,将领们遂以最快的"限时专送"要马殷回来,马殷颇为踌躇。一个将领竭力敦促他起程,最充分的理由是:

"您和刘建锋、张司马是'三位一体',于今刘建锋遇害,司马伤髀,天命人望,除了您,还有谁更适合呢?"

马殷认为,这个分析是客观实在的,遂于公元896年五月回长沙。张佶乘轿入府,拜过普通的礼节后,乃命马殷升堂办公,以"留后"一职让给马殷,自己趋于下阶,率将吏拜贺。

湖南军府中的大权,至此全落入马殷的手里。

马殷聘一个富有谋略的参谋大臣高郁作为他的"最高顾问",后来马楚的开国大计,几乎全由此君来决定。

在湖南,马殷的地盘是潭、邵二州,以这样的两个州,一时虽能应付外来的强敌,但他最担心的是淮南的杨行密、成汭,他很想用一些金帛去"购买"暂时的和平。

很有见解的高郁大不以为然:"成汭是个不成气候的玩意儿,而杨行密乃是你的死敌,纵使以'万金'去奉送,也不易购得和平。不如这样吧,上奉大唐的天子,下抚爱我们的士民,训练士兵,磨砺士气,以期自图富强。这样,我们还怕啥呢？"

马殷接受了这个好建议，并切切实实地推行着。现在，他以有人才、有决心、有组织的崭新姿态出现在这块领土上。

两年之后，他的地盘由二州而扩充为七州，收下衡、永、道、连、郴五州。

再过两年（公元900年），他不以湖南为满足，向湘桂走廊方面发展，连下桂、宜、岩、柳、象五州。

二、扩充地盘

马殷有一个弟弟名为马赜，英勇不亚于其兄，也在孙儒的部队服务，官拜百胜指挥使。孙儒死后，他向杨行密投降，仍以英勇著称，官拜黑云指挥使。有一回，杨行密和他聊天，谈话的内容渐渐地触及家庭的状况，才晓得他就是马殷的弟弟，杨行密几乎吓了一跳：

"怪不得我常常诧异你的长相、气度与众不同，毕竟不是普通人，我当好好地让你回去，让你们兄弟团聚。"

"我是淮西的残兵败卒，承蒙大王不杀，而加以宠任。湖南离这儿也很近，音问可以相通，我在你手下干了这么多年，我不愿回去！"马赜出于一片至诚，涕泣答道。

但他的底牌被揭穿后，杨行密说什么再也不愿留他了。他怕人家把他当作预先布置的一枚"棋子"。

公元904年，杨行密亲自在郊外饯别，马赜荣归。

马殷表报其弟为节度副使。一日开会,题目是讨论怎样向天子进贡。马赍提议道:"杨行密地广兵强,又跟咱们边境相接,不如先跟他和好,往大处讲,缓急之时有个帮助,往小了说,也可彼此做做生意。"

对于一开始就想拨转外交政策的论调,马殷不以为然,板起了面孔,正色反驳道:"杨行密自己宣布独立,不听中央朝廷的话,一旦朝廷出兵征讨,那时我们这个与他缔结盟好的,恐怕也要吃大亏,请你先认清客观环境和我们的基本外交政策,然后再发言。"

和平共处、缔成盟好的政策失败后,吴楚即发生战争,主攻是吴,主守是楚。

杨行密派鄂岳观察使刘存等率三万水军进攻。

马殷命在城都指挥使秦彦晖将水军三万,浮江而下进行抵抗。

六月,大雨,刘存引兵至越堤北,秦彦晖追击,刘存数度反抗,均败北,乃遗马殷书,实行诈降。

秦彦晖看穿对方的把戏,派人跟马殷报告:"这一定是诈,请勿答应!"

两军夹水而布阵,刘存大声遥喊:

"杀降不祥!你们为什么不替你们的子孙想一想?"

"贼来侵略而不杀贼,还顾得啥子孙?"秦彦晖很有力地把话喊回去,趁机擂鼓呐喊进攻,水陆两路配合,刘存大败被俘,裨将死百余人,士兵死者以万计。秦彦晖等克复岳州(今湖南省岳阳市）。

俘虏解到了，马殷亲自解开俘虏的缚索，好言安慰一通，要求归顺。被俘的人物倒蛮有骨气：

"大丈夫以死报国，宁做断头将军，不做降将军。"

马殷只得成全断头将军的志愿。

取得决定性的胜利后，楚的地位稳固下来，国势也骤强了。

接着，秦彦晖又赶走拥朗州自守的雷彦恭，使楚国的地盘又增添了两州——澧州、朗州。

回过头来，马殷又和岭南的清海节度使刘隐争夺十几次，抢得了两广边境的昭、贺、梧、蒙、龚、富六州。

楚的领土已足够了，于是马殷息民练兵，以一个新兴王国的雄姿出现在鱼米之乡。

公元927年，后唐明宗（李嗣源）封马殷为楚国王。

三、被"狼子"吃掉的高郁

楚国的富强，固然有地理因素作为先天条件，但人为因素也不应忽视。人为因素是什么呢？高瞻远瞩、有为有守的政治家是也，"高级参谋"高郁就是个中翘楚。

在地理上，两湖属于盆地区域，气候湿润多雾，年降雨量又极为均匀，是栽植茶树的理想地区。高郁任凭人民自行采茶，贩卖给"北客"，征收"茶税"以做军需。随后，他又向朝廷奏请，设"回团务"（贸易站）于汴、荆、襄、唐、郢、复等州，让湖南的茶能大批出口，运到大河以南贩卖，以换取当地的布匹、棉花、战马之类的物资，附带的条件是每年向朝廷进贡二十五万斤茶。朝廷自然乐得做个顺水人情，湖南由是富赡。

高郁的第二步经济计划是实行"自由开放政策"，所有的商旅在地贸易，均不征收赋税，于是四方商贾争相前来，辐辏于洞庭湖畔。

两湖盆地在地理上属于华南金属矿物丰富区，计有常宁水口山的铅锌，零陵、湘潭的锰，新化锡矿山的锑，以后者尤为闻名。高郁提议铸铅铁为钱，实行"硬币制度"。那些前来"贸迁有无"的商旅在出境时，不能把楚国的钱币带出，因为带至别国也派不了用场，故均自动地换成"宝物"出境。正因如此，湖南境内余下的存货，全被携带出国，换取天下的百货，国家的财用由此富足。

高郁的第三步经济计划是鼓励人民从事桑蚕，这一步最为干净利落，他下令，以后缴纳赋税的，不许用"硬币"交付，一定要用布帛。命令颁布后不久，民间"机杼大盛"。

在高郁有眼光、有抱负、有计划、有步骤地竭力推行"经济建设"下，楚一跃而成为富强国家。邻近那些可怜兮兮的小朝廷，没有一个不嫉妒、不惧怕，南平的高季兴就寝食难安，他要用极其卑劣的手段来搞垮这个有"经济抱负"的高郁。

高季兴所采取的手段是"谣言攻势"。当时，马殷命其子武安节度副使、判长沙府马希声知政事,总录内外诸军事。换句话说,军政大事,落在马希声大少爷的手内。

高季兴就抓住这一点,差人送专信给马希声,函中盛赞高郁的能耐与功名,并希望能通过"执政大少爷"的关系,跟高郁缔结金兰之好,进而开个"高氏宗亲大会"。

使者又对着马希声道:"我们的高季兴老爷常说,贵国的政事全出于高氏一人之手,从长远打算来看,这恐怕不是马家的福分吧!"

马家的执政大少爷对高季兴所说的话深以为然。马大少爷的小舅子,一向有"政治野心",他老想把姓高的搞掉,然后由他来顶替,这么一来,靠着"裙带风"的力量,楚国一定能更早出现一片"郅治"的现象。

小舅子天天在马大少爷的面前说高郁的坏话。

被小舅子吵得六神不安、自己又无辨别力的大少爷,终于出面向其父诉说:"高郁要不得,他奢侈,僭妄,交结邻藩,有图谋不轨的企图。"

"我能成功立业,全仰仗高郁老先生的鼎力相助,你懂得什么,以后不许你再这么讲!"马殷老头子仍然固执着他"宠信到底"的信念。

"这样吧,阿爸,既然不能百分之百地信其无,也当百分之五十信其有,所以我的意思是先把他的兵权暂行收回,这样当可暂时平息外面的悠悠之口。"

"你看着办吧!"老头子让步了。

于是，马希声乃左迁高郁为行军司马，高氏在政治舞台上栽了个跟斗。

有目力、有见解的高郁，跟自己的亲人道："快点经营西山吧，我将告老退休。狼子已经长大，嘴里的犬牙已经能咬人了！"

这些话传出去后，马大少爷气得跳到天上去。

翌日，他即矫马殷的命令，诛杀高郁于其府舍。

马大少爷立刻出榜，告示中外，高郁谋叛，理合枭首。接着，一并诛杀其族党。马家大少爷玩得一手好把戏，他的老头子连一点风声都不曾晓得，足见其布置严密。

这天（公元929年秋八月）居然大雾弥漫，浓到化不开。

深居在楚王宫的马殷，突有所忆地和左右说道：

"从前，当我跟随孙儒入淮河流域作战，每于杀戮无辜时，气候总有些变异！现在马步院有没有冤死的呢？"

被蒙在鼓里的马老头子，还不晓得他唯一的开国元勋就在他嗟叹"气候有变异"的时候，正在被他的大少爷，一手送到"枉死城"去。

翌日，高郁谋叛被族诛的消息传到老头子的耳朵里。马殷拊膺放声大恸：

"我老了，真是老了！政权不在自己的手里，使我的老友——开国元勋，横遭冤屈而死，天啊！"既而他抹了抹老泪纵横的眼睛，凄惶地问左右道："我自己还能够在这儿长待下去吗？"

高郁是被马希声蓄意硬扣上图谋不轨的帽子而身首异处的，但马家老太爷（马殷）却老泪纵横地哭说老友死得太冤枉，完全是先开"莫须有"之路。末了，他还担心"扣帽子专家"马希声也可能会无条件地替他扣上一顶，这是什么世道呀？

四、好吃鸡子的黄鼠狼

马殷有一个毛病，即寡人好色。自跃为楚王后，他的内宠极多，弄到嫡庶无别，而诸少爷早已不知创业之艰难，无不骄奢淫逸，热衷于满足官能。

当吴、楚言归于好后，吴遣使来要求换俘，楚王允许，并遣特使许德勋设宴饯行。许德勋无意中提及楚国的动态："楚国虽然弱小，但旧臣宿将都健在，请吴国以后千万别再动脑筋。要到什么时候呢，我老实坦白地告诉你吧，必定要等到'众驹争皂栈'那个时候。"

"众驹争皂栈"，许德勋已隐隐约约地看到马家的大小少爷们在磨刀霍霍相向。

公元930年十一月，马殷寿终正寝，他的遗命颇特别：

"兄弟相继；置剑于祠堂，违我命者戮之。"

这就是说，诸子兄弟必须在祠堂公开解除私人武装。这遗嘱真是出自马老头子的本意吗？从口气、作风与气派上来看，有人怀疑百分之九十九倒是马希声所颁发的命令。

马希声乘机即位。奇怪的是,当时任何一个小朝廷,都要在即位的时候大肆庆祝一番,称王称帝,改元易朔,借以表示他是准备要有一番"大作为"的,哪怕"大作为"是永远没法兑现的空头支票。因为封建的"公式"既经如此排定,谁也逃不了。然而,咱们的马希声大少爷却大不然,他非但没有称孤道寡,反而把其父建国称制的封号统统给甩掉,称起节度使来——武安、静江节度使,兼中书令。

盖马希声内心一向崇拜梁太祖朱温的为人,"阿三"有什么值得崇拜的呢?原来阿三最喜欢吃鸡子,怪不得他精力过人,马大少爷最崇拜的就是这一点。现在他袭了位,大权在手,第一道命令是"每天杀五十只鸡子来做菜"。

看来马家大少爷倒是一匹黄鼠狼——专偷食各种鸡子。

马希声在守丧时间跟平常并无不同,欢笑自如。马殷出丧那天,灵柩已将引发,乐队正在吹吹打打,马希声的胃口好到还能咀嚼几盘鸡肉。其私淑朱温的食鸡精神,的确是良堪"钦佩"。

前吏部侍郎潘起有点儿看不顺眼,略带讥讽地道:

"从前,阮籍在守丧的时候,猪脚蹄髈照吃不误,我们的国王不愿古人专美于前,居丧大吃鸡子,可见随便哪一个时代,'开明的人物'总是满满开明的。"

"开明的国王"在统治湖南的三年后,自动追随其父于地下,他同父异母之弟马希范继立。

五、"银枪都"都主

马希声、马希范是同日而生的异母兄弟,袁德妃生希声,陈夫人生希范,希声被留于国内,希范却被马殷送到洛阳去做后唐的"人质"——表示效忠的人质。按理说,在希声继承大统的时候,应先谦让这位出使在外、功在国家的使节,但希声却先声夺人地要了那顶皇冠。

三年后,皇冠正式交还,于是马希范对希声的母亲不客气了。希声还有一胞弟希旺,马希范专找他的麻烦,借此出气。袁德妃请允其子希旺出家为道士,马希范硬是不答应,先解除其军职,使其居于竹屋草门,不得参与兄弟之间的宴会,袁德妃死后,希旺也忧愤而卒。

第二个被修理的是马希杲,希杲是静江节度使,治绩良好,有善政。有人打他的"小报告",说他是在搞收买民心的工作。

楚王马希范留其亲弟希广权知军府事,自将步骑五千杀到桂州,希杲的母亲华夫人亲迎马希范于全义岭,谢曰:

"希杲不明了政治,搞得一团糟,以致寇戎入境,有劳殿下亲自跋涉险阻,这一切都是我的不好,请你原谅他。我愿你削去他的封禄官爵,我洒扫庭掖来赎他的罪过!"舐犊之情溢于言表。

"我因为很久不曾和他见面,听说他的'治绩'很特别,所以特带兄弟们来看看他,并没有别的想法。"

一场贤母的郊迎代子谢罪,消弭了弟兄之间的一场干戈。

马希范家中还有一位顺贤夫人彭氏,彭夫人貌陋而治家有法,楚王马希范极为怕她。彭夫人一死,马希范即纵情声色,为长夜之欢、内外无别起来。有一个商人的妻子貌美,马希范利用权势,硬把人家的丈夫宰掉后,抢来做自己的姨太太,不料这位美貌的商人妇,却死也不愿侍奉,最后悬梁自尽。这是马希范的特殊"政绩"!

马希范碰到第三位贤母,是将领廖匡齐(决胜指挥使)的母亲。廖匡齐等打退入侵溪州的蛮兵,其将弃州退保山寨,四壁尽是石崖悬岩,廖匡齐等做梯栈,缘索而上围攻,终告死难。马希范得悉这一消息后,特遣使向其母吊唁,其母不哭,对使者道:

"廖氏三百口受王温饱的赏赐,全族都愿为王效死,犹不足以报大德,如今不过是丧失一子而已,请王不必挂念。"

马希范颇为感动,并优恤其家属。

但他的私生活并没有受到贤母的影响而转好,恰恰相反,竟变得出奇地糟糕。

他特建一座天策府,极尽栋宇之盛,户牖栏槛皆饰以金玉,涂壁用丹砂数十万斤,地衣(地毯)春夏二季用角簟,秋冬则用木棉,日与子弟、僚属游宴其间,弄得天天醉醺醺、浑淘淘的。其他如宫室、园囿、服用之物,均穷尽侈靡,作九龙殿,刻沉香为八龙,饰以金宝,长十余丈,抱柱相向,希范自居其中,别为一龙,其幞头脚长丈余,以象龙角。

另有长枪大槊,都饰之以金,可执而不可用,征募富家年少、肥胖的八千人为大队,号曰"银枪都"。

凡此种种,非钱莫办。但他怕什么,他有的是"命令",而"命令"就是钱的来源,"命令"可满足他心理和生理上的需求,谁叫他生下来已注定要做"楚王"呢!

第一,他命令增加赋税,派专使"行田"(测量、绘图、统计等)。一"行"之后,田亩就增加,人民没有一个吃得消的,纷纷"弃田逃税"。马希范满不在乎,放言"只要田地在,不怕无米谷"。

第二,他命令营田使籍"逃田"——没收弃田逃税者的田地,立即募集有"耕种技术"的人来租种。人民多有"舍故田而耕新地"的,所以全境经济勉强可自给自足,但从西到东,很多民众都失业了,因为耕者并没有自己的田。

第三,他还命令并鼓励有钱的可以买官做,以捐纳财富的多少来决定官位的大小,富商大贾统统分布在公侯的地位。地方官入都述职,规定必须奉送"红包",不送"红包",不能过关,任何大官小吏,均须遵守楚王马希范亲自规定的命令,如有胆敢违抗的,楚王有的是"颜色"!

他宣布,人民如犯了罪,可按照下列三种规格,斟酌自行处理:

首先,有钱的讨价还价均可,但终归是以交钱为原则。

其次,不愿交钱而身体健壮的,可以入营当兵。

最后,既没有钱、身体又差的,那对不起了,监狱的大门正好敞开着,竭诚欢迎你来。

第四,他命令设立鼓励互相检举的制度,并规定无须出具姓名,自有有司来负全责处理,因而弄得"全家族诛"!

第五,他命令实行周陟的建议,在一切常税之外,大县应进贡白米二千斛,中县一千斛,小县七百斛。如该县不生产米谷,可以由布帛代替,楚王可以统统按照比例收下。

马希范有此五大"善政"推行,颇使一般的"忧时志士"寒心,天策学士拓跋恒再也无法忍受下去,上书道:

"殿下长深宫之中,藉已成之业,身不知稼穑之劳,耳不闻鼓鼙之音,驰骋遨游,雕墙玉食。府库尽矣而浮费益甚;百姓困矣而厚敛不息……谚曰:'足寒伤心,民怨伤国',愿罢'输米之令',诛周陟以谢郡县,去不急之务,减兴作之役,无令一旦祸败,为四方所笑。"

马希范气得青筋暴涨,呼吸加速,两手抖颤,把"如此荒唐"的奏文撕得粉碎。

他日,拓跋恒求见国王,答曰:"国王在梦周公!"

"这算哪一种睡觉——早晨的懒觉、午睡、黄昏的爱困。"

"不,白日梦!"

拓跋恒明了个中的情况,喟叹道:"国王逞欲而刚愎拒谏,我可预料他全家千口准飘零无日。"

国王知悉后,火更旺了,立誓从此不再跟他见面。

马希范的运气并不算坏,终其身荒唐了十余年,居然能寿终。他翘了辫子后,湖南的马家天下遂公开地、正式地进入许德勋所说的"众驹争皂栈"的时期。

六、"众驹争皂栈"

马殷因寡人好色,内宠的姨太太极多,是故其瓜瓞连绵的儿子多到非但必须编号,甚至要一打一打地算。

马希范完蛋后,立刻发生了继承大统的问题。

有人拥护"三十五郎"马希广,他是希范的胞弟,此君秉性谨顺,但懦弱不能自决,不能满足那个时代军政首领的基本条件。

有人要拥护"三十郎"马希萼,他坐镇永州,性格刚强,行事只求达目的,手段无所不用。

将领吏佐在开会、辩论、表决后,终因马希广军政在手,得到多数通过,正式承继,但有眼光的人立即断定"祸患开始"啦!

挑起这场"争槽之战"的幕后主使,乃是天策左司马马希崇。禀赋狡险的马希崇把朝廷"废长立少"的情况一五一十地向马希萼报告,并要求他带兵回来奔丧(君丧,不是父丧)。马希萼是个热衷于军政的人物,自无不从之理,但他到达时,即被水军解除武装,并加软禁,不让他与希广见面。有人要求根据"纵虎容易抓虎难"的定律,把他送去和地下的马希范谈一谈。但怯懦的马希广说:

"我怎么忍心下毒手,杀害自己的哥哥呢?宁可分潭、朗二州各自统治。"

马希萼被厚赠一通后，送回老根据地去，但马希崇却不愿天下从此太平无事。

在马希崇的挑拨、煽火、怂恿下，马希萼自然不愿白白丧失王位，更不愿白白遭受耻辱式的拘禁。如今猛虎归山，他悉调朗州壮丁作乡兵，打造战舰七百艘，向潭州方面进攻。

怯懦的马希广又窝囊起来："希萼是我的兄长，我不愿和他作战，当以国家让给他。"

他可能是出于真诚，但将领吏佐可不答应，于是兵戎相见无法避免。当将领们正要抓到马希萼的时候，马希广的紧急命令来了：

"勿伤我兄长！"

将士们是听话的，他们不是为国讨贼而是在打"兄弟的家庭内务战"，这种战争原来就是谁也无法挥手，再加上这么个窝囊废，碍手碍脚地掣肘，马希萼等于在打有保险的仗。

本来这种争权夺位的战争，只有热衷"名利"的角色才感兴趣，当马希萼在发动这场不名誉的战争时，他的妻子苑氏就很认真地规谏过："兄弟之间发生战事，不管胜与败，总被人家耻笑！"

被名利观念冲昏了头的马希萼不理这一套，按着自己的计划进行，如今败退回来，苑夫人道：

"大祸要来了！我不忍等着它的来临！"乃投井而死。

马希萼并不因妻子的"尸谏"而有所醒悟，相反，他一不做二不休，大干特干起来，一面勾结武陵山脉的山蛮，一面派人向南唐称藩乞师。马希广怎么办呢，上表向朝廷告急求援。

马希广以朗州与山蛮入寇，诸将屡败，忧形于色，战将刘彦瑫自告奋勇，愿以一百五十艘战舰、万余水军，直捣朗州，国王允许。两军于湄州发生遭遇战，刘彦瑫乘风纵火，以焚敌舰。不料，顷刻之间，风向转变，火倒烧了过来，彦瑫还走，江路已断，士卒战死及溺死数千人。马希广听后，唯有一把眼泪一把鼻涕而已，半点办法也想不出。

有人说，天策左司马马希崇的反状已明显地暴露，外面的谣言尽是他一个人搞的，把他干掉吧，因为这是除奸呀，马希广仁慈地道：

"我如果杀害了自己的弟弟（庶弟，同父异母），哪还有面目和先王相见于地下呢？"

那就算了，内奸既舍不得除，只有让谣言满天飞！

接着，马希广改用"亲情攻势"，派孟骈去说马希萼：

"你忘掉父兄的大仇，北面事唐（南唐），这何异于袁谭向曹操求救，恐怕你仍逃不了被吃掉的厄运。"

马希萼无话可说，想把孟骈宰掉，孟骈理直气壮："自古以来，两国交兵，使者仍在其间往来送信，假如我孟骈是怕死的人物，我还有胆子敢来吗？再说我前来谈判，并非为着潭州的人，而是替你打算呀！你弄清楚了没有？"

"好吧，算我一时鲁莽，对不起你！现在拜托你捎个'口信儿'，回去对'三十五郎'讲，'大义已经绝了！不到阎罗王那里,不可能会相见。'"

接着马希萼攻下益阳,至湘阴,焚掠而过(岳州未攻下),直扑长沙。

只剩下最后一个反败为胜的机会,又被马希广放弃。

最初,一位蛮族首领彭师暠向楚投降,楚人都讨厌他的粗犷豪直,独独马希广感到他怪可怜的,拜他为强弩指挥使,领辰州刺史,彭师暠想尽到一己的责任,为希广尽忠效死。

如今,马希萼的大将及山蛮七千余人前来包围长沙,彭师暠登城望敌,对着马希广道:

"朗州兵骤胜而骄,杂以无训练的山地兵,我们马上进攻,准可把他们打得落花流水,我愿率军抄其后路,另请许可琼以水军合击,敌人腹背受敌,必败无疑。前军一败,则其大军必不敢轻进,这是解长沙之围的唯一办法。"

马希广在考虑,他很想答应就这么办。但是,他哪里晓得他的水军大将早已被他的"三十兄"用"银弹攻势"收买过去!当许可琼听到这"可怕的计划"后,他的话说得更响亮动听:

"彭师暠是啥玩意儿?他跟城外的那些山蛮有什么不同?你怎么可以随便轻信他的话呢?我世代为楚将,不可能做对不起大王的事,请您放一百个心,有我许可琼在的一天,马希萼是毫无办法可想的,我敢提出我的口头或书面保证。"许可琼说得娓娓动听,因为他明白,最卑劣的行径必须掩藏在最美丽的外衣之下。

不加督察的马希广被蒙骗。他命令诸将听其指挥,并赐给许可琼五百两银子。马希广常到其营中议事,许可琼总是关闭营垒,不使士卒明了马希萼部队的进退,马希广反加以赞美:

"真是地道的大将,我还有啥不放心的呢?"

曾有一回,许可琼在夜里驾了单人小船,名为"巡江",实是去与希萼"幽会"。

所有这些动作全瞒过了马希广,但是瞒不过彭师暠。一日,彭师暠瞪着大眼睛,叱骂许可琼,然后入见马希广:"许可琼马上就要叛变,全国没有一个人不晓得,恐怕只有您是例外吧!快!把他逮起来宰掉,免得留下祸根。"

"会有这种事吗?他是侍中的儿子呀,彭将军!"皇帝半信半疑。

彭师暠垂头丧气地退了出来,喟叹着:"皇帝仁儒而无决断,败亡是立即可待的事啊!"

真巧,长沙下大雪,平地上积雪四尺高,于是,潭州与朗州的攻守战斗行为暂告停止。

趁着这个"天赐良缘",马希广大搞以"天兵天将"退敌的那一套。他是少有地迷信,那些坏道士与和尚说的话,他是百分之百地相信。他曾塑鬼于江上,举手以退朗州兵,又画大像于高楼,手指水西,怒目而视。命令众和尚日夜诵经,皇帝自己披上袈裟,膜拜求福,并以求胜。

但天兵天将没有前来解围,而攻长沙之战终于无可避免地要发生,战斗进行得饶有趣味。

马希萼的步军指挥使何敬真带领着三千蛮兵，布阵于杨柳桥，瞭望长沙方面的韩礼的营寨旌旗纷乱。

何敬真断定，韩礼的部众已害怕了，一攻准可破。

何部的一个小士兵雷晖，穿上长沙方面的军服，潜入韩礼的营部，持剑击韩礼，不中，但全军惊扰。何敬真乘机进攻，韩礼营溃散，韩礼受伤奔至家中时即告毙命！于是朗州兵水陆并进急攻长沙。

马希广的步军指挥使吴宏、小门使杨涤互相立誓，以死报国，然后挥军出战。吴宏出战于清泰门，不利。杨涤出战于长乐，战斗自早晨至中午，得小胜，而身居统帅的许可琼、刘彦瑫却按兵不救，杨涤的士兵得不到救援和补给，只得退回原阵就食。

彭师暠战于城东北隅，蛮兵自城东纵火，城上人招许可琼军，使救城。许可琼早已统率全军向马希萼投降。

长沙就这样陷落了。

朗州兵及蛮兵在城中大掠三天，杀吏民，焚庐舍，所有的宫室尽化为灰烬，所有国库的积蓄尽落入朗州兵和蛮兵之手。

马希广和诸子向袁州逃命，向南唐求庇护。

天策左司马马希崇终于"出头"了，他亲率归顺的将吏到马希萼的行辕，上表劝进。

步军指挥使吴宏被抓来见希萼，吴将军战血满袖，道：

"不幸被许可琼出卖，今日死，也对得起先王。"

彭师暠也被逮到，投槊于地，大声呼喊："杀了我吧！"

"都是铁石的好汉！"马希萼深为感动，两人皆被留下不杀。

天策左司马马希崇一面迎接马希萼入府视事，一面分兵搜捕希广。马希广尚未逃出国境，一行人被逮了回来。

"喂，第三十五号，承父兄之业，怎么连一个长幼的顺序都没有？"马希萼摆出兄长的派头，对其加以斥责。

"将吏们要拥护，朝廷有命令，叫我有什么办法！"马希广向来是无办法的。

于是马希广和他的一批将吏们全被送到"拘留所"去。

马希萼宰完他的一批将吏，假惺惺召开会议，问道："三十五号是一个懦夫，什么都做不得主，全是那批小人教唆坏的，我要让他活着，怎么样，有意见的举手。"

诸将没有半个吭气。

曾被马希广打过屁股的朱进忠，想到无毒不丈夫的道理，乃昂然起立发言："大王血战三年才得到长沙，一国不容二主，这是小朋友都明白的道理，要是留下了'祸根'，他日准懊悔莫及。""对！送他到冥国府的'招待所'长期休养。"

马希广临刑前犹诵读佛经，看来他倒是一位标准佛教徒哩！死后，他的尸首无人敢理，独独蛮酋彭师暠掏了腰包，买了棺材，备了三牲，祭拜一番后，把他葬在浏阳门外。

这是一个"至性人物"的豪侠行径，当时人人讨厌的蛮荒人物也有此以心还心的行径。马希广应了长沙的童谣：

"湖南城郭好长街，竟栽柳树不栽槐。百姓奔窜无一事，只是椎芒织草鞋。"

七、衡山王

楚王马希萼既夺得大宝，旧日的恩恩怨怨算得清清楚楚后，感到世上已不欠人，也未给人赊欠，于是开始夜以继日地荒淫纵酒，这是每一个"政治掠夺者"共有的"习惯"。

军府政务全交给"出头人物"马希崇，希崇讲究"私曲"，刑政遂乱得一团糟。国家的府库既被乱兵抢光，现在拿什么来犒赏将士呢？于是，他没收人民的财产——强盗式地掠夺，门一关，封条一粘上，财产就是马希崇的了。

府舍又被乱兵放火焚烧，荡然无存。马希萼特命静江指挥使王逵、副使周行逢，率其所部千余人专门来清扫灰烬。

这场清扫工作委实太辛苦，他们既不是"工兵"，辛劳又无半文钱的犒赏，士兵们怨天怨地，都在窃窃怨叹："'无期徒刑'的囚犯才要参加这些清扫工作，我们跟随第三十号的马大王出生入死，才取下了长沙，现在他却把我们当作服'无期徒刑'的囚徒，真是狗娘养的没有良心！再说，他此刻左拥右抱，酣歌醉酒，他会晓得我们的劳苦吗？"

机警的将领王逵、周行逢听后，寒毛森竖，心中冷却大半截："众怨已够多、够深了！假如不早些想办法，最先倒霉的准是你我。"

商议既定，两人立刻采取行动，率领着所部人员，各自执着长柯斧、白梃逃回朗州去。当时，第三十号人物尚在醉乡漫游，要报告也无从报起。翌日，马希萼酒醒，左右才说明，有过这么一回事。

"追！逃走没有多大关系！我的皇宫不能没有人来收拾清理呀！"

追兵直追到朗州，被杀得七零八落。

王逵、周行逢遂在朗州开辟自己的世界。

长沙方面呢，马希萼纵情声色，军政大事交由马希崇处理。至于那些"功狗"，如许可琼，原盼望能被擢为要员，但是由于已没有利用价值，不但没有半个赏赐，反而被疑"怨望"，被降为蒙州刺史；马步都指挥使徐威等被派出兵立寨于西北隅以防备朗州兵。

这些士兵也没有得到半文钱的好处，人人怨怼，都在动脑筋。聪明的马希崇知道是"山雨欲来风满楼"的时候了，于是一场好戏又需要他来"主催"一下。

又是一个马希萼大请客的日子，徐威等人统统没有参加，"主催"的人物也不参加。好戏遂告开锣。

徐威等差人先驱放十余匹会自相啮蹄的劣马冲入王府，然后自率大队随后而来，手中拿的是斧头、木棍，嘴上说是"来抓劣马"，突然掩杀上座，纵横杀人，颠扑满地。一场高高兴兴的盛宴，骤然变成鬼哭狼嚎的修罗场。马大王立刻想翻墙而逃，士兵把他抓住，并把马希萼身边的一个"面首"一刀劈成两半。

众人拥立马希崇为武安留后,马希崇复纵兵大掠,并幽禁马希萼于衡山县。

马希崇想出一条借刀杀人的毒计,来诛灭"第三十号"。他记得很清楚,蛮酋彭师暠虽然免予一死,但马希萼把他修理一顿后,又把他黜降为平民。依他的想法,彭师暠一定怨恨入骨,于是,他派彭师暠为押差,押马希萼到衡山去,素来以耿直著称的彭师暠也突然悟出个中的道理与用意:

"他想借刀杀人,让我做一个弑君的凶手,我偏不上他的当!"他把马希萼服侍得很周到、很体贴,当然绝对安全。

衡山指挥使廖偃乃是廖匡齐战死、其母不哭的一家人,他与叔父商议后,竟与彭师暠共同拥立马希萼为"衡山王",马希萼总算因祖宗有德,非但命不该绝,而且反能在大祸之后,又得若干福气。

长沙方面,马希崇袭位。他和"第三十号"是同一路的货色,一朝大权在手,连忙荒淫纵酒起来,政务呢,也以"管他娘"为依归,他一向就是这样。

发动此次事变的徐威,看穿了马希崇是不成气候的角色,所以他很想再来一次政变。政变这玩意儿,在当时的社会已成为家常便饭,但他又害怕朗州的王逵、周行逢和"衡山王"两面夹攻。尚保存若干警觉性的马希崇看出一些苗头,慌忙中记起其兄的一套,向南唐求救。

最初,南唐在马希萼求援时,即派营屯都虞候边镐为信州刺史,将兵驻扎于袁州,意图进取,接到正式的紧急公函,边镐立即挥军进长沙。

南唐的大部队浩浩荡荡地前来"护驾",楚王马希崇遣使劳军,这是一般的通例和规则,接着,他派天策府学士拓跋恒,奉笺诣边镐的"司令部"请降,拓跋恒不禁长叹起来:

"我为啥活这么久而不早死呢,弄得要替'小太保'去送降表?"

接着,边镐以战胜者的姿态进入长沙,马希崇率领诸弟及侄辈迎接于郊外,望尘下拜,全不像小朝廷的人君模样。边镐下马,称诏慰劳一通,然后命令楚王等人跟随在一边,一起入城。边镐暂驻行营于浏阳门楼,湖南将吏都来鞠躬,行见面礼致贺,战胜的人物手面尚称阔绰,一一加以厚赐。当时湖南饥馑遍地,边镐大发马氏仓粟赈济平民,楚民大悦。

南唐的另一路军,由武昌节度使刘仁赡率领,直扑岳州。刘仁赡抚纳降附,弄得岳州人居然不觉得是被"南唐灭掉"的,足见马氏治绩的概况。

湖南正式隶属于南唐了。

战胜者有权命令失败者接受一切处置,这是古今的通例。大将边镐要马希崇带着全族向南京方面报到。马希崇聚族而泣,打算用大量的金银贿赂边镐,让其仍旧居留在长沙。

边镐用很浓重的鼻音,略带讥讪地教训他:"南唐国(即过去杨行密建立的吴)跟你们姓马的世代为仇敌,持续了将近六十年吧。但我们从来不曾打算占领你们马家的领土,现在天赐良机,你们兄弟自相阋墙,弄得走投无路,才来向我们投降。要是再待下去，又有其他意想不到的变化，那该怎么办？你说吧！"

父亲死了也没有像现在这么难过的马希崇，一句话也吭不出，只有把那个多余的脑袋低下去，再低下去。

公元951年（后周太祖郭威广顺元年）十一月，马希崇以"楚国流亡团团长"的"英姿"，率领着全族及将佐千余人，像死掉了亲爹亲娘般声泪俱下，号啕痛哭地爬上开往金陵的"亡楚号"豪华大轮船，送别的人无不顿足号哭，据正史一点不假的"实录"，其程度足够"响振川谷"。

这一年，五代中的"马楚"从历史的"流水簿"上抹去，自马殷开国，传至马希崇，一共是五主，历经四十四年而亡（公元907年—951年）。楚亡，是亡于"大小少爷们"的大发少爷脾气、爱闹着玩，这真的是十分"有趣、生动、别致"了。其时的童谣是"鞭（谐音边）打马，马须走"，如今，马终于走了！

八、周行逢将军的"评语"

按常理来说，"众驹争皂栈"既已完毕，关于马楚至此也该完毕，然而尚有一条尾巴还拖着：

南唐的中主李璟封"衡山王"马希萼为江南西道观察使，镇洪州，仍赐爵为楚王；复封马希崇为永泰节度使，镇舒州；另特别嘉奖廖偃、彭师暠之忠，以偃为左殿直军使、莱州刺史，彭师暠为殿直都虞候，赏赐甚厚。这些少爷、将领全靠着自己的运气，碰上南唐的好君主，不但保全了自己的首级，而且能得到一份职业，从此再也不会兴风作浪，只是嗷饭、看书、写字。

南唐阔气起来了！边镐大将把湖南的金帛、珍玩、仓粟乃至于舟舰、亭馆、花果，尽数搬到金陵来。

这时，湖南尚有处于半独立状态而据有朗州的刘言。刘言是王逵、周行逢等率领着"劳动大队"逃回后拥立的首领，李璟以胜主的资格命令他到金陵去报到。

刘言不想去，不想去即等于公开违抗命令，这是不行的。刘言颇有自知之明，于是他召开军事会议：

"我不愿入朝，边镐一定会打来，该怎么办？"

王逵道："武陵负江湖之险，带甲数万，怎么可以拱手而受制于人。边镐没啥了不起，抚驭方面都不行，士民根本不会拥护他，一战准可把他抓住！"

"机事贵迅速，缓慢则他就有准备，到时就来不及了！"周行逢提出他的看法。

刘言遂命令十位指挥使（连上述的发言者在内）发兵进取。当时，刘言的手下有三大人才，即周行逢能谋，张文表善战，潘叔嗣则以果敢著称。

军事的进展至为顺利，益阳收复了，湘阴收复了。最后，他们包围长沙，边镐婴城自守，向金陵求援，救兵却始终未到。最后边大将弃城而逃，吏民俱溃，醴陵门桥折断，死掉一万多人。

王逵等入城，唐将派守湖南各州府的，听到长沙又被克复，纷纷弃城遁逃，刘言尽复马氏五岭以北旧地。

接着，王逵定谠，平定了企图争权的何敬真之乱，然后诬杀刘言，诬以欲举朗州降唐。

军政大权落在王逵手内，无形中他成了湖南的新主人。王逵以周行逢知潭州事，以潘叔嗣知岳州团练使。

这年湖南大饥，人民多食草实树皮，武清节度使知潭州事周行逢立开放仓库，赈济民众，救活了不少人。盖周行逢出身平民，深知民间疾苦。

他的治绩良好，早晚办公，从不迟到早退，做事又认真，为人严而无私，他聘请的僚属全是廉洁有为的人物，约束简要，一时吏民称便。

他虽贵为方面大员，但自奉甚薄，有人讥笑他太俭。他最有力的反证是举出目前活生生的教训：

"马氏父子穷奢极欲，不爱惜人民，结果人民唾弃了他，他的子孙此刻不是在向人家要碗饭来吃吗？奢侈又有啥可值得效法的呢？"

附录

一

周行逢，性勇敢，果于杀戮，军民有过，过无大小，俱死。

其妻严氏谏道："罪有轻有重，有大有小，怎么可以一概滥杀呢？"

"这个，你一个妇人，是永远不会了解的！"行逢怒加指斥，以为他的"杀"总是对的。

严氏无法面对这种不可理喻的人物，借着回老家看佃户为理由走了！归家后，她依旧穿着粗布衣，在田垄工作，岁时押着佃户，送租入城，交给公家。

行逢颇不乐意，交代她不必纳租。

"租税是公家物，假使做统帅的先自行免缴，怎么能叫下属统统缴纳呢？"严夫人义正词严地反问。

有一回，周行逢要求严夫人脱下庄稼人的粗布衣，道："我已富贵了，夫人何必这般劳苦？"

"你还记得吧,交民租的时候常遭鞭笞的痛苦。现在你做大官了,就把在田亩时的痛苦忘得一干二净!"严夫人淡淡答道。

行逢硬叫群妾把她拥上肩舆,准备一同进城去享福,严氏毫不留恋,道:"你用法太严,必失去人心,所以我不愿留在城里,一旦仓促祸起,在乡下较易逃难。"

听了严氏的话,在以后的行事执法里,行逢才把"酷法"稍稍放宽。

二

天策学士徐仲雅有清才,然性好滑稽,初王逵之起兵也,欲得其名,置司空太保以诱之,自是称"司空太保"者无算。

行逢曰:"自吾迁镇西土,四境畏惧吗?"

"你呀!你境内满天太保,满地司空,哪有不畏惧的?"徐仲雅淡淡答着。他是根据当时的民谣顺口说出的。

吴 越

（公元 907 年—978 年）

第十九章
一心事大的英雄：钱镠

一、后楼兵

杭州临安人董昌，以民兵团练讨贼有功，补官为石镜镇将。他有一位同乡钱镠，以作战骁勇著闻，被补为石镜都知兵马使。

公元881年，淮南节度使高骈希望董昌能以其地方武力共同阻击黄巢，召他至广陵开会。董昌认为这是一种荣宠，但颇有政治头脑兼远见的钱镠则劝他须持重些。他说得蛮有道理："照我个人的看法，高骈并不是有心讨贼，不过是虚应故事罢了，不如以'扞御乡里'为借口，不必去。"董昌认为大有道理，就这般遵行。

刚巧，杭州刺史路审中即将上任，来到嘉兴。董昌捷足先登，率兵先占据杭州，路审中害怕发生冲突，自己又无力强行接收，私下掉转马头，溜了回去。董昌摇身一变，成为正式的杭州刺史，官衔是镇海节度使周宝所表的。

翌年，浙东观察使刘汉宏遣其弟带两万兵，谋兼并浙西，董昌派钱镠御战，钱镠乘着夜雾迷江的良机，渡江偷袭敌营，将敌军砍杀殆尽。

后年，刘汉宏亲率十余万众出西陵，与董昌决一雌雄，钱镠渡江逆战，大破之，刘汉宏化装成一个鱼贩子，手持着鲶鱼刀遁逃。前后几十战，钱镠表现得很出色，全获胜利，使杭州安如磐石。

公元886年，董昌用一种"激将升官法"的方式对钱镠道："假使你能攻下越州（今浙江省绍兴市），我把杭州给你。"

"从地缘战略上看，越州非拿下来不可，不然总是咱们的后患。"钱镠从另一个角度分析。于是，钱镠挥军自诸暨径趋平水，凿山开道五百里，出曹娥埭，破浙东军，克复越州。刘汉宏奔台州，台州刺史押着刘汉宏送交给董昌，董昌对这个老想吞并他地盘的侵略者，是不会吝啬给他一刀的。

局势的发展完全按照英雄们的如意算盘打去，董昌成为浙东观察使，坐镇越州；钱镠为杭州刺史，守住家乡的老根据地。他们的官衔倒全是朝廷正式给的。

钱镠刚做了两个月刺史，就有一件看来似毫不相干的事需要他发挥见义勇为的精神去消弭。也正因这件事，钱镠的前途需要多面拓开，并不得不求其发展。

这件事，是镇海节度使周宝乱搞出来的。

周宝看到每个节度使都有一支保卫自己安全的牙兵（亲卫兵），自然也不愿意落后。于是，他也招募了一支人数一千的牙兵，号称"后楼兵"。后楼兵薪俸待遇特别优裕，恰恰是镇海军的两倍,镇海军晓得这个待遇不公平的消息后,虽无可奈何,但心中的怨恨是不难想象的。

后楼兵因待遇特殊,慢慢竟形成一种骄悍跋扈的风气。

周宝全不理会这些,天天沉溺于声色之中,不问政事,筑罗城(外围的大城)二十余里,建东第,人人苦怨他的徭役,他也不管。

一回,周宝跟僚属们会餐,后楼军有人说镇海军眼红,颇有怨言。周宝道:"哪个敢有怨望而想作乱的,先把他宰了!"

度支催勒使薛朗就把这句话传到镇海军将刘浩的耳朵里去,并好意劝道:"希望你对士兵多多约束!"

"剩下的生路仅有一条——反!"刘浩斩钉截铁地答道。

这天,周宝灌足了酒精正呼呼大睡时,刘浩的镇海军倾巢而出,立攻州府,放火焚烧。

周宝在火光熊熊中惊醒了一半,赤着脚向后楼兵呼救。

有人说:"'后楼兵'也参加反叛了!"周宝怨叹之余,带着家人,向常州逃难。

如今,刘浩成了唯一的主宰者,他把周宝的僚佐一律绑赴刑场,一人一刀。然后,他迎薛朗入府,推其为(其实是自封)润州留后。

朝廷要维持尊严与正义,派钱镠讨薛朗,攻下润州和常州,刘浩逃脱,薛朗被擒,周宝被迎归。

周宝到达杭州后,立即翘了辫子。钱镠追寻祸首,斩掉薛朗,然后剖下其心,以祭周宝。

公元 893 年，钱镠发动民夫二十万及十三都军士筑杭州罗城，周围七十里。翌年，钱镠迁升为镇海节度使、同平章事。除这一个大兴土木的工程外，钱镠为政平平，而他那位坐镇越州的老上司董昌，却暴虐成了霸王。

二、大越罗平国

义胜节度使董昌为政苛虐，在平常的赋税之外，又加上名目繁多的苛捐杂税，比正常的要多出好几倍。董昌搯克民脂民膏的目的纯粹在讨好上层，因为多拍马屁、多提奉献，原也是做官的投资行为。他的贡献及中外馈遗，可以每旬发一纲，计有黄金万两、白银五千铤、越绫一万五千匹，还有其他的名物土产，用五百名押运兵作专差运输，不管风霜雨雪，务必准时送达，稍有迟误，以极刑论处。所以，董昌的贡奉考绩总是得到绝对的"第一"。朝廷方面呢，当然是非常激赏这位事上唯谨、忠心耿耿的董昌！朝廷颁赏的奖状、奖牌陆续在道，董昌的官运仿佛乘着羊角风扶摇直上，由节度使而司徒、同平章事，爵列陇西郡王。

金钱、地位、名望，董昌一把全掌握在手心内，他还想做些什么呢？他觉得他"功"在国家，当然也在人民，于是他要人民也有所表现。怎么表现呢？最理想的方式当然是"建生祠"，有权有势的人，只要有所暗示，那是没有什么困阻可违拗其心愿的。越州的"董昌生祠"终于出现了，样式、规制完全模仿禹庙。

接着,董昌有令:"民间的一切迎神赛会,以后统统在'董昌生祠'前举行,严禁再到禹庙那儿去举办。"

芸芸众生只有照办,因为命令的背后就是亮晃晃的刀枪!

迷信的基础奠定后,董昌遂向朝廷要求发表他做"越王"。这回,朝廷可不轻易允诺了。董昌一肚子不舒服,很委屈地对人道:

"朝廷打算干对不起我老董的大事!连年来我所贡献的盈千累万,简直无法统计,怎么现在可以吝惜一个名位,不给唯一的'财神爷'呢?"

"算了吧,董郡王!王位有啥稀奇,王总比帝小,干脆称帝,这才威风呢!"吹拍者乘机把马屁拍拍。

董昌乐得几乎忘掉自己的生辰八字,一时"未来派天子"龙颜大悦。

承风希旨的人花样变开来!一些受雇而来的无知平民,天天成群结队地蜂拥到董昌的府第,高声叫口号:"请董大王做皇帝!我们拥护你!你是真命天子!"

"未来派天子"乐得咧开海口,派人出来慰谢:

"天时尚未行到,行到时董大王就会做皇帝的,请你们不必费心!"

一些聪明兼懂得个中诀窍的吏民,认为这也是一种有利可图的买卖。于是,有的献谣谶,有的献符瑞⋯⋯

最初,"未来派天子"的手面比较宽绰,一赐就是好几百缯，但后来来献的太多了，多得要登记排队，弄得赐不胜赐、赏不胜赏，而国库却在递减下去，"未来派天子"的手面遂告收缩，慢慢地减，减到只剩三五百钱。

其中有一句谶语，最为"董皇帝"所激赏，那是"兔子上金床"。

董昌自说自话："兔子就是我（可能他生肖属兔），我生太岁在卯，明年又复在卯，二月卯日卯时，是我正式称帝的'好日子'。"

公元895年春正月，董昌着手进行"称帝"了，其中必不可少的步骤是召开一次"未来御前会议"，来讨论改朝换代以及分封官爵的问题。没想到的是，节度副使黄碣首先站起来表示无法赞同：

"目前唐家天下虽已衰微，但天意尚未厌弃它。从前的齐桓公、晋文公都竭诚拥护着周朝，以完成他们的霸业，你董大王起于田亩，屡受朝廷的厚恩，位至将相，富贵极了，为什么突然要打起'灭族'的意图呢？我是宁愿死为忠臣，不愿活着做叛逆的。"

"行！"董昌气得脸像发了高烧，"来人呀！把这位'死忠臣'推出去！"

不一会儿，黄碣的"忠臣"头颅被呈献上来。

"把他扔到厕所去！"董昌余怒不息，骂道，"王八蛋，不识抬举！'三公'的资格早就俱备，偏偏等待不及，而硬要'讨死'！"失去了理智的董昌，有如一头蛮性发作的壮牛，"把姓黄的全家（八十人）统统一起报销，不必费事，挖一个大坑，埋掉算了！"

"是！"左右奉命唯谨。

黄碣因他"不敢苟同"的异议，户口簿被撕得粉碎。

"董大王"又征询会稽令吴镣。吴镣的看法和黄碣差不多：

"你大王不想做'真诸侯'以传子孙，倒打算要做'假天子'自取灭亡吗？"

吴镣一语又点燃了董昌的火性，立即被喝令"推出去"，吴镣的名字也只好记在"录鬼簿"上。

不厌征询意见的董昌，再拿这件大事问山阴令张逊，并事先打出"定期支票"，以资收买："阁下是个有善政的好官吏，我姓董的非常清楚，等到我做了皇帝，'知御史台'少不了你的份儿，尽管放心就是。"

谁料张逊也"不识抬举"，竟把真心话掏出来：

"董大王从石镜镇起家，做到浙东节度使，富贵荣华了二十年，何苦去学李锜、刘辟沐猴而冠、自讨灭亡呢？而且浙东僻处海隅，巡属不过六个州，要是你自行称帝，朝廷基于'天无二日'的大道理，会答应你吗？到那时候大军压境，自己徒然守着孤城，上天无路，入地无门，不是叫天下人连大牙都笑掉吗？"

"鬼话！来人呀！把姓张的姓名和生年，也改记在'录鬼簿'上！真是他妈的有鬼，好好的一件事要做，偏偏有人要捣蛋到底，现在这三个家伙统统被报销掉了，看看还有没有跟老子捣蛋的?"说罢,他倚倒在"临时龙椅"上,闭着眼,长长地养神。

二月,董大王穿上赭袍,戴着冠冕,爬上子城门楼,即皇帝位。第一件要务是把他宜做皇帝的"谣谶、符瑞"排列于庭心,开一个临时性的"展览会",让民众参观,以证实他是够资格做皇帝的。不信吗?看吧,物证俱在。

接着,自然是改元易朔、封官赐爵等一路的老把戏。

董昌的改元易朔,还附有一段小小的童话,在这儿不可不予以点明:

唐懿宗咸通末年,吴越之间有人讹言,会稽山中有一只大鸟,四个眼睛三只脚,鸣声是"罗平天册"。人们千万不可看见这只怪鸟,碰上了会倒霉的。老百姓们很害怕,多把它的形象画下来祭祀。董昌遂抓住这一点,告诉民众说:"这就是我的鹥鹭!"

现在,皇冠压在天灵盖上,他骤想起这只家家户户奉祀的怪鸟,乃自称为"大越罗平国",改元顺天,署城楼曰"天册之楼",让群下称自己为"圣人"。

紧接着自然是封官赐爵。他一连串连封四相、一个翰林学士、几名大将军。大事初定,他又想起他的"好干部"钱镠不可无官,当即封他为"两浙都指挥使",并以文书通知他现在皇帝是做定啦。

不久,钱镠的回函来了,口气咄咄逼人,与前面那三位竭力反对他的大臣如出一辙:

"……与其关起门来做'天子',把九族、百姓都陷于水深火热之中,不如开门来做'节度使',终身富贵荣华要好得多,现在后悔还来得及!"

已被皇冠箍紧脑神经的人物,除苦笑一通外,是不会被手下人的一封信改变的。

钱镠以迅雷不及掩耳之势,率兵三万直扑越州城下。至迎恩门,董皇帝亲自出来迎迓,钱镠依然以旧礼节拜见老长官,恳切地道:

"大王位兼将相,为什么要舍安全的路不走,而偏挑危险的路呢?我此刻带兵前来,是希望并等候你的改过,要是朝廷的天子命将出师,前来征讨,纵然你不在乎,但乡里的士民何罪,他们怎么能随随便便地陪着你做'牺牲品'?"

三万支刀枪剑戟摆在董昌的面前,董昌的头脑的确清醒了许多!他立即发放劳军钱二百万,把那些出谋划策的首脑人物全抓起来,交给钱镠法办,自己引罪谢过,听候发落,一场"皇帝梦"搞了不到个把月,就此风消云散,成为历史的陈迹,真是"儿戏加上游戏"。

钱镠回来后,要求朝廷秉公处理这个"大越罗平国王"。朝廷因一向有董昌的"特别运输队"在补给,念功赦罪,说是董某的行为有点迹近"神经病",可免予追究,让他回老家休养。钱镠可不答应,认为这是"僭逆",罪在不赦,请以本道兵征讨,给他一点教训。

淮南节度使杨行密认为钱镠做得太过火,不合乎官场常规，得饶人处且饶人，何必事事认真，乃代为秘密说情，说人家已悔过了，可按照大事化小、小事化无的定律去做，一面差人叫董昌赶快再向朝廷进贡。

钱镠硬是不买账，也不卖杨行密面子。于是焉，朝廷只得削去董昌原有的官爵，并委任钱镠讨伐。

三、叛乱的结局

有了朝廷的征讨令在手，钱镠名正言顺、老实不客气地向老上司开刀！董昌慌忙向杨行密求救，杨行密采取行动，派军攻打钱镠的前线基地苏州，这是公元889年由他的兄弟钱铢占据的。与此同时，杨行密向朝廷上表，表示董昌既引咎责躬，愿修职贡，请复其原有官爵。最要紧的是，他寄书对钱镠说明，董昌偶然发点神经病，才会闹独立，现已畏兵威，已把那些"参谋的坏蛋"全都交出来，不应逼人太甚，再去讨伐他。

杨行密的另一将领宁国节度使田頵，径攻杭州以救董昌。

本来这场战争是钱、董两人的账，但由于"见义勇为"的杨行密加入，遂形成三角混战。

钱镠挡住北面的进攻后，亟想攻下仍坐镇于东南的董昌，这时董昌的心理起了一种特殊的变化，他老是派人去侦察钱镠的军事情况。侦察回来的人要是据实以报，那是准没命，要是相反地说"糟得很，兵疲食尽"，那就准有犒赏。在钱镠面前，一种不敢面对现实的"阿Q精神"在董昌身上充分表现出来。

但是，不顾现实、自我陶醉是一回事，钱镠的确兵强马壮是另一回事，越州已被钱镠的大将顾全武包围得像铁桶一样。董昌所做的不是慰劳将士、慰问伤兵、鼓舞民心，而是掼掉"大越罗平国皇帝"的纱帽，再自称为节度使而已。

就在越州将被攻陷的前夕，苏州被杨行密攻陷！钱镠想把第一大将顾全武召回抵御，顾全武认为事已如此，不如先攻下越州，再恢复苏州，钱镠也只好接受。

越州城的外郭被顾全武攻陷，董昌犹据牙城做困兽之斗，钱镠差董昌的故将骆团去行骗："奉诏，令大王致仕（有如退休）归临安。"天真的董昌乃递送其牌印，自行出居于清道坊，顾全武差人用小舢板把他载回杭州老家，半路上被斩首，其家族三百余人及宰相以下百余人一并被弃市。

"天真的董昌"非常贪财，所有搜刮来的民脂民膏，除拨发朝廷的贡献外，余下全是他一人的。在围城中，他照样征收民间的财赋，还克扣士兵的粮食，结果呢？他的生命只有靠自己的力量来保卫！钱镠替他清算了他的财富，库有金帛、杂货五百间，仓有米粮三百万斛。现在，钱镠要做的工作是，把董昌的首级传到京师去验明正身，并散发金帛以犒赏将士，开启仓库以赈济贫民。董昌不懂也不会做的事，钱镠统统做了，董昌聚敛掊克以怨人民士兵，钱镠散发金帛粮食以收买民心士气，成功与失败的契机原在乎此。

四、"长者"顾全武

钱镠得胜,回到杭州,遣顾全武收复苏州,并请求朝廷允许他徙镇海军于杭州,朝廷自无不允之理。

顾全武以雷霆万钧之势迅即收复苏州,独秦裴死守昆山,始终无法攻下,攻城部队已发动全部力量,守军依然坚守,足见守军有一套。原来秦裴是以"至弱来御至强"的,每次交战时,秦裴令老弱羸病的披甲执矛,强壮的则挽弓弩。顾全武认为这只是拖延时日而已,要求对方投降。

于是,秦裴封函纳款,好像是要降,顾全武大喜,召集诸将共同拆开信函。打开一看,原来是一卷佛经,全武感到很难为情,因他过去曾剃发做过和尚,现在秦裴拿这个弱点来讥讪他是一员"僧将"。于是他颇不乐意:

"秦裴不怕死吗?还有工夫来跟我开玩笑?打!"

顾全武奋力猛攻,并引水灌城,昆山城粮草又尽,秦裴才出降。

钱镠为庆祝克复昆山,特设千人筵席以款待,秦裴仅有一百名老弱羸兵可参加,钱镠按捺不住火气了:

"这样蹩脚的老弱残兵,为啥抵抗了这么久?"

"对不起!我秦裴在道义上决不负杨行密,现今力屈而降,并不是'心降'。"秦裴侃侃而谈,风骨铮铮。

"有种,姓秦的!"钱镠暗暗地赞叹着。

"算了!老上司,秦裴将军的行径,我看还是原谅他吧!"

顾全武惺惺相惜，反代为求起情来。

"行！"钱镠应允着。

一时，人们都赞美顾全武是一位风度更好的"长者"。

不久，杨行密误得了情报，说是"钱镠被盗宰杀"，乃遣步军都指挥使李神福等将兵攻杭州。顾全武等人排下八座寨以对抗。

两军僵持，不相上下，李神福耍出一套兵不厌诈的新花样：

一名"杭俘"被抓，李神福非但不把他送到"集中营"去，反而让他自由自在地进出于营房，于是"杭俘"亲耳听到李神福对众将领说："杭州尚强，咱们于今夜回家！""杭俘"听后，偷偷跑回来报告。对方因有意让他逃走，故不追赶。当天夜里，李神福差赢兵先行，自己殿后，另派精兵埋伏于青山下。顾全武本来就有点瞧不起李，又加上"杭俘"的口头报告，竟未审明敌情，即自率兵追赶，伏兵一起，全军覆没，顾全武被俘。

李神福乘机反扑临安。但临安城极为坚固，久攻不下，李打算班师回去，又怕被钱镠半途截击，乃遣人守卫钱氏祖考的丘垄，禁止樵采，又使顾全武通家信，钱镠竟遣使申谢。李神福在外交关系搞好后，在军事布置方面多树旗帜以为"虚寨"，钱镠误以为是淮南方面的大援军已开到，遂请和，李神福接受犒赏而归。

公元902年四月，杨行密送顾全武回杭州，换俘的条件是一换一，钱镠大喜，立送秦裴归去。五月，唐昭宗李晔升镇海节度使钱镠为"越王"。

五、武勇都之变

越王进爵后，内部发生了"武勇都之变"。

最初，孙儒死后，其士卒多奔浙西，钱镠爱其骁勇，以为中军，号曰"武勇都"。有人劝告他："狼子野心，他日必为大患，不如用当地兵来代替吧！"钱镠不予采纳。

后来，钱镠命武勇右都指挥使徐绾率众去参加"治沟洫"的辛苦工作，于是随处都能听到很多怨言，有人要求钱镠小心些，最好还是免去他们这场辛苦。钱镠又不采纳。

在某一次将领们的会餐上，徐绾很想动手，把钱镠干掉，无奈他的侍卫人员保卫得相当严密，一时无法下手。徐绾假装不舒服，溜出了席，钱镠只感到很稀奇而已。

又过了几天，钱镠命徐绾率领部下先回杭州，到达城外之后，他们开始纵火焚掠，武勇左都指挥使许再思接着予以响应，合军进逼牙城。

守住牙城的牙将及钱镠之子钱传瑛等闭门守卫并反击。钱镠闻变，易便服，乘小舟，夜抵牙城东北隅，缘城而入。那个值更的更卒正凭鼓而寐，钱镠气得拔起剑来，予以斩杀。于是，牙城的人都晓得越王平安回来了。

有人劝钱镠渡江，以保后方的基地越州，并暂避"武勇都之变"。

钱镠也担心徐绾等人会占据越州,想委派顾全武带兵去戍守。

"越州没有什么可守的,我看还是到广陵去!"顾全武持有这种看法。

"为什么?"

"听说徐绾想叫宁国节度使田頵前来帮助,田頵一来,淮南的杨行密也等于介入了,那怎么能抵得住呢?"

杜建徽乘机道:"孙儒之难,你曾有功于杨行密,现今前往报告,可能他会有些帮助也说不定。"钱镠表示同意,派顾全武向杨行密告急。

"空口说白话是不管事的,最好是派一名世子做'人质'。"顾全武提出一个可行的条件。

钱镠即差其子钱传璙化装成顾全武的仆役,相偕到广陵去,并向杨行密的女儿求婚。真假主仆一行经过润州时,团练使安仁义喜爱其子生得一表人才,愿以十名仆人换一个,真假主仆只得在表面上应允。夜半时,他们贿赂了看门的,私下逃去,到达广陵,顾全武劝杨行密速召田頵回来,否则后果不堪设想。杨行密果然答应。

然后,顾全武又补充说明,越王愿以其子为人质,并求婚,杨行密完全应允。顾全武的外交一如预期,办得非常顺利。

另外,钱镠的军事进展也非常顺利。田頵果然被徐绾请来了,田在起程之前,差人对钱镠道:

"请大王到东部的越州去！那边有空着的府廨在等候你，只要你不再杀士卒就行。"

钱镠的回答也蛮有力量："军中叛变，在目前的动乱时代，哪一个地方没发生过？你既身为节帅，竟助贼为逆。要战就来战，何必说大话！"

田頵采用"碉堡封锁包围法"，所有的往来通道全被封锁。

钱镠征求能占领碉堡的敢死队，能夺其地的赏以州府，衢州制置使陈璋自率将士三百名出城奋击，遂夺其地，越王立升陈璋为衢州刺史。

恰在此时，杨行密的召回令到达前方，田頵只得收拾行装。临退军时，他向钱镠谈条件：劳军费二十万缗；求其子为"人质"，并招为女婿。

六、传瓘与传球

劳军费在钱镠看来并无多大的问题，可是，人质却有点伤脑筋！

钱镠召开"家庭紧急会议"，他以"主席"的身份说明时局的背景，然后放声公开征求意见："哪一个愿意做田家的'准女婿'？愿意的举手！"

他征求了两三遍，居然没有半个人愿意。

这种尴尬的局面，使得他颇难以下台，因为这个"会议"是绝对不能流产的！在一片寂静里，钱镠说道：

"既然大家都客气,谁也不愿表示意见,那就由'本席'来指定!抽签太民主化,指定虽有点近于独裁,但为了使本会有个圆满的结果,还是由'本席'指定吧!"钱镠把灼灼的眼光向四座的人遍扫一通,最后停留在老幺的身上,就是老幺——传球。

"报告'主席',球场上的传球我同意,这样轻易地给田家'传球'我坚决反对!"传球起立表示异议。

"你胆敢违抗'本席'的命令,真是吃了豹子胆!副官在哪里?"

副官立刻应声出现。

"把这违抗'王命'的角色'推出去'!"

副官带人一拥而上,钱传球挣扎着,钱夫人啼哭着,想出面调停并护卫,家中闹成一片。

这时,突见老二钱传瓘站了起来:"算了,算了!球弟既然不愿去,就不要太为难他,还是我去走一趟吧!"

钱镠十分惊愕,老二倒是出于心甘情愿呢!钱夫人遂抹着尚未揩干的眼泪,过来抚慰老二:"儿呀,你愿意置身虎口吗?"

"为了纾解国家的危难,我怎么敢爱惜自己的生命呢?"钱传瓘说得蛮有道理。然后,他向父母行过拜别的礼节后,带着从者数人出发!

钱传瓘是在这般环境下,跟着田頵、徐绾、许再思一起回宣州的。

另一边，钱镠恨传球未能为国家、为父兄纾解危难，没收了他的内牙兵印，让他一心到球场上去传球。

一年后，田頵因叛杨行密而败，钱传瓘居然安全归来了。

翌年春，钱传璙娶了杨小姐，并和顾全武一行也回到了杭州。

公元904—907年，在这四年间，钱镠在安徽方面的歙、婺、衢、睦四州，虽有相当伤脑筋的军事行动，但都顺利解决，因事过于琐碎，故一笔带过，不予详记。

在东部方面，钱传瓘、传璙合军讨平温州的卢佶，传瓘出奇兵，舍舟陆战，擒斩了卢佶，首次表现出他的军事天才。

朱温于公元907年称帝，五月，他封吴王钱镠为"吴越王"兼淮南节度使，充本道招讨制置使。

镇海节度判官罗隐反对钱镠的封号，当朱温沐猴而冠时，他劝钱镠举兵讨伐，最堂皇的理由是：

"纵然进取不容易成功，但退回来犹可保有杭、越，自为东帝。我们为什么要交臂事贼，贻留千古耻辱呢？"

此前，钱镠总以为罗隐未为唐厚用，因而有了怨心。现在听了这些话，钱镠才明白他是纯为着正义，从此心中异常敬佩他。

七、从千秋岭到选帝

公元913年，吴行营招讨使李涛，率众二万出千秋岭，攻吴越的衣锦军（钱镠的亲卫队）。钱镠差其子湖州刺史钱传瓘率兵救之，另遣睦州刺史钱传璙将水军攻吴的东洲，借以分散它的兵势。

千秋岭的道路极为险狭，钱传瓘使人砍木以阻断吴军的后路，然后才举兵奋击，吴军大败，李涛被俘，此外尚有三千余名士卒一并送入"集中营"，这是传瓘第二次表现其军事天才。

钱传瓘第三次表现其军事天才的事迹如下。他奉了后梁末帝朱瑱的命令，大举攻击淮南的杨行密。当时，他身为诸军都指挥使，率战舰五百艘，自东洲击吴。吴以舒州刺史彭彦章拒战。

钱传瓘命令海船都要载着灰、豆子和土沙。

吴越与吴军战于浪山江，吴船在上风，乘风而进，吴越船在下风，退避在一边，等到吴船一冲过，吴越船立马拨转船头与之交战。传瓘命令顺风扬灰，这个中古时代的"催泪弹"迸散开来，吴军的将士都无法张开眼睛应战。等到两方的船舷已挨近时，传瓘又命令把沙散在自己的船上，把豆子撒在敌人的船上，豆子为战血所渍，吴军士一踩，无不摔倒。到了这个时候，传瓘才命令士兵纵火，吴军大败，彭彦章自知不敌，遂自杀。

在浪山江之役中，钱传瓘俘虏吴裨将七十人，焚毁其战舰四百艘。

同年七月，钱镠遣钱传瓘将兵三万攻吴常州，吴都招讨使徐温率领诸将抵御。双方战于无锡。当是时，徐温发高烧，自己不能统军,吴越攻其中军,飞矢如雨点。有人迁中军旗鼓于左,同时,叫一个相貌和徐温差不多的人披挂甲胄,号令军事,徐温才得以暂时休息。高烧退后,徐温依旧上阵指挥。是时久旱,草枯,吴人乘风纵火,吴越兵乱,终于大败,被斩首万余级,大将何逢、吴建均牺牲,钱传瓘遁走。

有人劝告徐温:"吴越所恃的是舟楫,现今大旱,水道干涸,这是'天亡吴越的时机',应当尽合步骑的全力一举把它灭掉。"

徐温并不乐观:"天下离乱太久了,民困也太厉害了!钱镠不是可轻视的人物,要是兵连祸结的话,恐怕你们也吃不消吧。如今咱们战胜,使得他们知道惧怕;我们戢兵,使得他们晓得感怀。而两地的人民,各安居乐业,君臣高枕,不是更快乐吗?多杀有什么用呢?"

第二个月,徐温首先遣使表示愿无条件地解回战俘,吴越王乃请和。从此之后,两国休兵息民,和平共处,人民安居乐业达二十余年。在五代的"走马灯战争"中,这是非常难得的。

公元926年春三月,吴越王钱镠有疾,赴衣锦军,命令镇海、镇东节度使留后钱传瓘监国。事有凑巧,徐温恰于此时遣使问疾。左右都劝他"不要接见"。

"徐温是个狡黠的老狐狸,他哪里是派人来看病,实际是来窥探咱们的虚实。"钱镠一下子就猜中对方的来意。因此,他虽然病得相当厉害,仍然出而见客。

徐温原已召集兵马，打算来次偷袭，但使者既然说钱镠没病，攻吴越的计划也就只能取消。

钱镠老谋深算，又得胜一局。

钱镠的病一共拖延七年，他感到"大限"已差不多，乃召集将吏开一次继位问题会议，道：

"我的病恐怕不大会好了！诸儿愚懦，请问哪一个够资格做你们的统帅？"

"两镇令（按：镇海、镇东）公仁孝有大功，有哪一个人不爱戴呢？"将吏一致要推戴钱传瓘。

钱镠乃把印绶、锁钥全交给钱传瓘："将吏们都一致拥护你，你要好好地看守着这份家业。"然后，他又交代："子孙要善事中国（指五代的中央正统朝廷），勿以易姓而废'事大'之礼。"

公元932年三月，钱镠撒手西归，享年八十一岁。这是从公元878年一直活跃在钱塘江上的大英雄，他纵横了五十四个年头，比起五代的短命王朝来，还多了一年。但他安分知足，对朝廷始终是恪尽臣礼，从没有"称帝"的念头，看来他对自己偏处一隅、不足以成大事，也有彻底的认识吧。

八、钱镠的逸事

警枕。钱镠自年轻时即在军中服役，夜里不敢熟睡，疲倦到极点时，则枕在圆木做的小枕头上，或枕在大铃上。哪怕是熟睡，偶一碰着就醒，可见他老是保持着高度的警觉性。有时，他睡得很甜酣，将吏们有紧急报告，侍女们只要轻轻地弹着一张纸，他就会醒过来。

粉盘。钱镠于寝室内放置一粉盘，有所记则写在粉盘内（按：钱镠识字知书，不是枪杆里爬出来的标准大老粗）。他一直保持着这个好习惯，至老不倦。

弹铜丸。他喜欢把铜丸弹到楼墙之外，以试探值更的更卒睡着了没有。有一次，他化装成平民出行，夜叩北门，门吏说什么也不肯开门："即使是大王本人来，也不能开门。"钱镠乃从别的门入城，第二天，召北门吏赏赐一通。

执法。他的宠姬郑氏之父犯法当死，左右都替他说项求情。钱镠道："怎么能够为着一个小妇人，把咱们的国家大法弄乱呢？把他的女儿（即自己的宠姬）赶出去，把小老头儿宰了！"他说到做到，丝毫没有通融的余地。

节俭。武肃夫人，尝以王寝帐堕裂，乃造青缣帐，将改换，王曰："作法于俭，犹恐其奢，但虑后代皆施锦绣耳。"卒不用。

擢人。钱镠曾在自己的府园散步，看到园丁陆仁章的园艺别出心裁，当时就把他的姓名记住。后来，苏州方面被淮南兵围困，钱镠即召此园丁入城通信，陆仁章不但带着信入城，而且还带着消息出城，钱镠即把他列为孙辈看待。后来陆仁章累升至两府军粮都监使。

至性。无锡之战，吴越大败，大将何逢死难。何氏的坐骑却无恙归来,钱镠一见,号啕大哭,悲不自胜,是故将士归心。

武肃王省茔垄,延见故老,有邻媪九十余岁,携角黍壶浆迎于道,镠下车亟拜,媪抚其背,犹以"小名"呼唤,曰:"钱婆活到今天,喜欢看到你长成。"

也唱大风歌。朱温于篡位那年封他为吴越王,受命之后,他回到故乡临安,把牛酒搬出来欢宴乡人父老,酒酣,他高高兴兴地大声唱起"还乡歌"来:

三节还乡兮挂锦衣,

吴越一王兮驷马归;

临安道上列旌旗,

碧天明明爱日辉。

父老远近来相随,

家山乡眷兮会时稀,

斗牛光起兮天无欺。

不论派头、作风以及歌调的风格,完全是刘邦当年衣锦荣归、置酒沛宫、酒酣击筑、自歌《大风歌》的那一套的拷贝。但家乡父老有几个能懂得吴越王念洋泾浜式的"外地话"呢?他们一面咧着嘴嬉笑着、喝着,却无法欣赏吴越王的"时代流行歌曲"。钱镠颇为扫兴,灵机一动,以吴音唱起"山歌"来:

尔辈见侬底欢喜?

别是一般滋味子,

永在我侬心子里。

这回家乡父老全懂了，彻底懂了，于是全都很欢跃地一同放声合唱起来，个个都搞得心花朵朵开。《枫窗小牍》上记载："至今狂童游女，借为奔期问答之歌，呼其宴处为'欢喜底'。"

缓缓歌。吴越王的妃子，每逢过年总要回老家临安，王以书寄意："陌上花开，可缓缓归矣！"吴人因用其语为"缓缓歌，含思婉转，听之凄然"。

光凭最后这两点，钱镠在文学史也可占着一席之地，这是大家公然同意的。

九、园丁陆仁章，友爱钱传瓘

钱镠逝世后，钱传瓘与兄弟等同在帷幄行丧事，内牙指挥使陆仁章（老园丁）道："令公既嗣先王霸业，将吏晨昏趋谒，实多未便，当与群公子隔离。"

于是，陆仁章乃命主事者另建一帷幄，让钱传瓘起居，并告诉将吏道："从今天起，只准将吏晋谒令公，诸公子及侍从不能擅自进入！"昼夜警卫，未曾休息。

当钱镠进入暮年，将吏左右都归附传瓘，独陆仁章是例外，他偏偏敢以公事抗颜犯色。至是，钱传瓘很赏识这位敢作敢为的人物，仁章道：

"先王（钱镠）在位，我心目中只有他一人，不晓得奉侍于你，今日恪尽臣子的礼节，仍等于奉侍先王一样。"

钱传瓘心里欣赏这位自园丁直升到指挥使的人物，更佩服先人的眼力的确是不凡。

但是，陆仁章性格极为刚强，另一牙内指挥使刘仁杞喜欢讲别人的坏话，两人全被将吏列为不受欢迎的人物。一日，诸将共谒府门，请求钱传瓘把两人交出来。在众怒之中交出来，自然不是一桩有好后果的事，传瓘差侄子钱仁俊向将领开诚布公：

"陆、刘二将军，跟随先王有年，我仍须处处借重他们，你们想逞一己私愤而把他俩'处置'了，这怎么可以呢？不要忘记，我还是你们共同拥护的人呢，有事当向我报告后才可施行，不然，我当回老家临安去，以让避贤路。"

将吏们只得怏怏地退出，然后散归。

于是钱传瓘任命陆仁章为衢州刺史、刘仁杞为湖州刺史，不让他人有眼红生妒的机会。从此，纵使内外有上书攻讦的，钱传瓘统统不加理睬，将吏们因此都辑睦。

钱传瓘对待自己的兄弟非常友爱，其大哥建武节度使钱传璙自苏州入见，元瓘（即位后改名）仍以"家人礼"先拜见大哥，当奉觞上寿时，道："这个座位本来是大哥的，现由小弟来承坐，完全是大哥的恩赐。"

钱传璙忙不迭地说道："先王选择贤能的来继承，君臣的名义既确定，我钱传璙只有效忠于王的分儿而已。"

兄弟俩的客气、亲密、友爱、礼让在那个六亲不认、社会道德崩盘的社会中，的确是应予大书特书的。

钱传瓘的唯一缺点是，他虽知道家业创立之不易，却未能保持钱镠那种节俭的美德。相反，他好奢侈兼爱制宫室，后因不慎失火，府署、宫室、仓库全付诸一炬。传瓘伤心之余发起神经病来，不久溘然长逝，时在公元941年八月，在位十年。

自钱镠传至钱弘俶，吴越共五主，历七十一年而亡。

十、钱弘俶的友爱

当钱传瓘病笃时，嘱后事于察内都监使章德安：“因你是忠厚的长者，故以后事相托。小儿弘佐太小了，希望你能选择宗人中较年长的来继位。”

“弘佐虽然年龄尚小，但大家都钦佩他的英敏，请勿悬念。”章德安很诚恳地据实报告。

“希望你好好地辅导他，我就放心了！”

钱传瓘一死，即有人谋立钱弘侑，章德安斩杀谋废立的，废弘侑为平民，然后才发丧。

钱弘佐的性情温和谦恭，好读书，喜欢跟士子们来往，躬勤政务，发奸擿伏，人不能欺。

民间有呈献嘉禾者，钱弘佐问仓库的官吏道：“现在库存还有多少？”

“大概够用十年。”

“那就是说，军队的粮饷绝无问题，可以放宽老百姓的赋税。”乃命宽其境内赋税三年。

这位十四岁的少年国王坐位六年，正当年轻有为的时候却一病不起，大位落在弘倧的头上。

钱弘倧性刚严，愤弘佐在位时容养诸将，政非己出，及袭位，诛杀了一批将领。

内牙统军使胡进思因迎立恃功，干预政事，钱弘倧心中非常不舒服，想弄一个大州把姓胡的打发出去，胡不肯，回家后设立钱弘佐的牌位，号哭一顿。

一回，钱弘倧问胡进思杀一头牛可得净肉多少？胡据实以对，不过三百斤。

"你为啥知道得这么清楚？"王问。

"我未从军之前，也搞过这个行当！"胡进思很踌躇地答道。于是，他怀疑钱弘倧有意套他的底牌，遂进一步图谋废立，先以兵把弘倧拘禁，而后立其弟弘俶。弘俶道："能保全我兄的性命，乃敢接受命令，否则当退避贤路。"

胡进思应允，钱弘俶遂视事。

钱弘俶募民能垦荒田者，勿收其税，从此境内无废田。

公元974年，弘俶接受宋朝的封号，两年之后，钱弘俶亲到开封进贡。吴越早已不存在，中国已步入大宋统一的时代了！

附录

一

董昌未败前,狂人于越中旗亭、客舍多题诗句,曰:

日日草重生,

悠悠傍素城,

诸侯逐白兔,

夏满镜湖平。

初不晓其词,及昌败,方悟。草重,董也;日日,昌也;素城,越城也,乃杨素所筑;诸侯者,猴也;猴乃钱镠王申生属也。白兔,昌卯生也;夏满,昌以六月败也;镜湖,越中也。

二

董昌称帝时,有山荫老人献谣:

欲识圣人姓,

千里草青青。

欲知天子名，

日从日上生。

这句话简明浅显，意在表明董昌是天子，等于摆"拆字摊"。

闽

（公元 909 年—945 年）

第二十章

由屠户王绪说到王闽

一、军中王气毕竟在王家

公元881年（唐僖宗李儇中和元年）八月，安徽寿州人王绪——一个操刀杀猪的屠户，跟他的妹夫刘行全，集合五百名无赖及壮丁占据本州，并扩而大之，占领了光州（今河南省潢川县），自行称起将军来。做了将军后，他的部众也跟着多起来，约有万把人光景，蔡州节度使秦宗权代为申请，朝廷任命王绪为光州刺史。

光州的辖境内有固始县，其县佐王潮及二弟王审邽、三弟王审知皆以才气闻名，王绪即委派王潮为军正，专门管理物资粮饷，非常信任他。

四年后（公元885年），秦宗权向王绪征收大量租赋，王绪无法负担。秦宗权以为他不知恩而抗命，故派大军征讨，王绪惧怕，率光、寿二州的五千名兵驱迫吏民跟他一起渡江逃难，以刘行全为前锋，自江西越过武夷山，攻陷了汀州（今福建省长汀县）、漳州（今福建省龙溪县）。

王绪来到漳州后,以道路险阻、粮食不够为理由,下令军中不得以老弱相跟随,违禁者斩。

唯独王潮三兄弟扶其老母董氏跋涉着崎岖的道路从军,王绪把王氏三兄弟叫到面前,摆出最有力的法理:

"军皆有法,从没有'无法之军',你们违背了我的法令,要是不按照军法从事,那就等于'无法',无法还行吗?尤其是部队!"

王氏三兄弟异口同声道:"人皆有母,从没有'无母之人',你王将军怎么可以叫人遗弃自己的老母亲?"

王绪一时语塞,他失去了面子,也失去了理智,命人把王氏兄弟的老母推出去斩首。

三兄弟齐声道:"我们奉事老母等于奉事王将军一样,既然要杀我们的母亲,那还要我们做什么?我们都愿意先为母亲而死。"

将士们都纷纷代为求情,王绪不得已,暂不追究。

有些江湖术士自称能观看天象,当看到王绪的流亡队伍后,即断定:"军中有王者气!"

以屠户起家的王绪似乎不打算称帝称王,在听到这些"术士语"后,专门在将士们中找麻烦,有哪一个将士的才能勇略胜过他的,或气质较为伟岸特殊的,一准会没有性命,全被王绪一刀报销。最后,连他的妹夫刘行全也未能逃过这一厄运。

如此,众人无不自危。

一行人来到南安,王潮向其前锋将领道:

"我们背井离乡,放弃妻子,羁旅外乡,等于变相的'群盗',难道这是我们的初衷和志愿吗?我们不过是被王绪裹胁罢了!现今王绪既猜忌不仁,妄杀无辜,军中的子子者被诛杀殆尽。我看阁下眉目神秀,骑射绝伦,又做了前锋,你自己不想想看吗?在王绪的眼里,你是多么危险!"

前锋将领紧执王潮的手,涕泣着求计。

王潮替他出谋划策,伏下壮士数十人于修篁(大竹丛)里,等到王绪驾到,挺剑呼啸而出,马上将其抓住,反缚以徇,军中莫不高呼万岁!王潮推前锋将领为主,前锋将领道:

"直到今天我们还未被王绪宰掉,这全是王潮先生的力量。上天既然要以王先生做我们的领导人,哪一个人还够资格来担当呢?"

两人相互推让了一番,最后大家一致同意,奉王潮为将军。

尘埃落定后,王绪叹道:"这小子就在我网中,居然没有把他宰掉,岂不是天意?"

王潮率领着流亡队伍,打算回老家光州去,他和下属们约定,所过之处要秋毫无犯。行到沙县,泉州人张延鲁等以刺史贪暴,率领着耆老,奉牛酒遮道,请王潮为州将,王潮顺应民意的要求,引兵围泉州。

王潮沉着有智略,既得泉州,招抚流离失散的人归来,赋税均平,训练士兵,吏民都服从他的领导。他把王绪幽禁于别馆,王绪羞愧自杀。王潮早晓得福建观察使陈岩的威名,故不敢侵犯福州境,遣使表示愿意降服,陈岩代他上表,请为泉州刺史。

公元891年,陈岩病重,遣人以书召泉州刺史王潮,欲授以军政大事,王潮尚未到达,陈岩已逝世了!陈岩的小舅子都将范晖,暗示将士们共推他为留后,然后发兵拒绝王潮上任。

范晖骄奢淫逸,很快失却将士的爱戴之心,王潮以从弟王彦复为都统,三弟王审知为都监,将兵攻福州。人民多自请输米犒军,平湖洞及沿海各蛮夷均自动以兵船助战。

王彦复、王审知合攻一年,始终无法把福州攻下。福州城颇坚固,范晖又向浙江方面的董昌求救,董大王因与陈岩是姻亲,故发五千兵前来救援。王审知看士卒伤亡这么多,乃向大哥报告,要求先罢兵,徐图后举。王潮不许,三弟乃要求大哥亲自临阵督战,王潮的说法更妙:

"兵尽添兵,将尽添将,兵将俱尽,我当自来。"

二位王氏将领到此才有所惧怕,亲冒矢石以急攻,福州城中食尽,范晖知道无法坚守,夜以大印授给监军后弃城而走,至沿海都,为将士所杀,浙江方面的援军也自动转进。

王潮入福州,自称为留后,素服先礼葬陈岩,并以女配其子,厚抚其家。汀州、建州降,岭海间群盗二十余辈或降或溃。

公元893年,王潮被升为福建观察使,其弟王审知为副使。

三弟每有过失时,大哥终归要摆出"大哥的派头"来,加以捶挞,王审知欣然受责,全无怨色,一对好兄弟,真是难得。

王潮病重，舍其子不立，命三弟知军府事。公元897年，王潮逝于福州，王审知以位让二哥泉州刺史王审邽。审邽以审知有大功，固辞不受，王审知自称福建留后，表于朝廷。公元909年，梁太祖朱温封王审知为闽王，从此福建属于王氏的天下。王审知一直到公元925年逝世，政权才由他的儿子王延翰继承。

二、烦老兄南下

王延翰嗣位是在十二月，翌年（公元926年），中原正演着一连串目不暇接的"活剧"。春正月，李继岌暗杀郭崇韬；二月，邺都兵乱，李嗣源往讨；三月，李嗣源引兵反攻汴京；四月，从马直指挥使郭从谦弑帝。

王延翰先是坐以观望，接着认为没有入朝的必要，入朝总是寄人篱下、仰人鼻息。于是，他于同年十月，自称大闽国王，立宫殿，置百官，威仪文物皆模仿天子制度，群下称之曰"殿下"，境内大赦。

王延翰对自己的兄弟可没有前辈那么和睦可亲了！即位才个把月，他就命其弟王延钧出为泉州刺史。他下令多采民间女子，以充后廷。王延钧上书极谏，其兄不悦，兄弟二人从此有隙。

建州刺史王延禀（王审知的养子，原名周彦琛）接到这项"采女"的命令，复书也不客气，从此也有嫌隙。

十二月，王延钧、王延禀合军共袭福州，王延禀顺着东溪、剑溪而至闽江，直扑福州，福州指挥使率兵抵御，大败自杀。是夜，王延禀亲率壮士百余人径扑西门，梯城而入，抓住守门的，占兵库，取武器，直达王延翰的寝室。延翰惊惧，匿于别室。被搜到后，王延禀先公布其罪状，然后宣称他与其妻崔氏共弑先王（王审知），将其斩于紫宸门外。刚好，王延钧于当天赶到，政权遂落入王延钧的手内。

秩序恢复正常后，王延禀回镇本州，延钧亲自送别，王延禀半属好意、半属自负地道："好好地守住先人的基业，勿烦我老兄再度南下！"

王延钧领教逊谢，态度甚为恭敬，但在听了这句口吻不太温和的嘱语后，心里几乎冷去大半截。

四年后，王延禀听说王延钧有疾，即以次子知建州留后，自率建州刺史王继雄，将水军袭福州。延禀攻西门，继雄攻东门，王延钧遣其侄楼船指挥使王仁达率水军拒之。王仁达耍了一套花样，先埋伏甲士于船内，然后竖起白旗，伪装投降，粗心大意的王继雄也不审明敌情，屏退左右自登王仁达的座舟，想加以抚慰。伏兵一起，王继雄的首级即高悬于西门上。另一面，王延禀正在放火攻东门，在听到这个噩耗后，竟号啕痛哭起来。王仁达挥军痛击，建州兵溃散，王延禀终被捕。

此刻，该轮到战胜的王延钧来说大话了："真对不起，果然又麻烦你老兄南下。"

王延禀自然无话可说，后被弃市。

三、"大罗仙主"

在五代,帝王将相多是高度的迷信者,这没有别的理由可说。由于社会发生急剧变化,旧有的一套标准迅速崩溃,许多稀奇古怪、骇人听闻的事情层出不穷,人们备感人生的幻灭无常,于是不得不在精神方面找一些慰藉与寄托。加上当时识字的人不多,一切都凭枪杆的力量来决定。总而言之,整个社会完全陷入一种虚脱的状况。于是,方士、和尚、道士、尼姑等群体就抓住这一丝微妙的心理而鼓其如簧之舌,终于红极一时地活跃于当时。

王延钧就是在五代中高度迷信的一员。他曾一口气超度二万人民出家为僧,福建的和尚数字突然膨胀起来。

他又好神仙之术,权势、金钱、酒色、资货全有了,喜欢长生之术原是帝王家的特权,也是"王姓"的必走路线。

道士陈守元、巫者徐彦应机而来了!首建宝皇宫,以陈守元为宫主。宫主传达"宝皇的命令":"假使能避位受道,当做六十年天子!"

王延钧命其子王继鹏负责军府事,自己避位受符箓。

他请陈宫主代问宝皇大帝,做了六十年天子后,当怎么样呢?这是闽王王延钧最关心的大事,必须有头有尾,不能做了六十年后就四脚朝天,翘了辫子。

隔一天,陈宫主入奏:"宝皇有旨,当做大罗仙主。"

徐彦趁机敲起边鼓来:"北庙崇顺王曾见宝皇,他听说的跟陈守元完全一样。"

　　王延钧轻飘飘起来，宛如腋下生了一对翅膀，就想做皇帝了。皇帝是不能再向中原进贡的，朝贡从此断绝。

　　于是，有人说在真封宅看见真龙，王延钧命其宅为"龙跃宫"，遂诣宝皇宫受册，备仪卫府，即皇帝位，国号大闽，大赦改元，更名璘。从此王延钧叫王璘，这是公元933年春正月的事。

　　四月，王璘立其子继鹏为福王，充宝皇宫使；五月，地震，大闽皇帝王璘避位修道，命福王权总万机。大闽皇帝性好奢侈，大兴土木，建宫殿极一时之盛，恰与其父王审知崇好节俭、府舍皆卑陋形成鲜明对照。

　　好奢侈的人物，身边必须有一个聚敛掊克的能手才行，巧佞的薛文杰正是这类好手。王璘遂借重他的特别才干，委之为国计使（负责钱赋的人）。薛文杰上任后，专拿殷实的富户来开刀，只要查出一点小毛病，总以"财产没收"为依归，不愿受此处分的，则胸与背两面，都得好好准备"吃生活"或"修理"。假如吃得起"生活"或"修理"的，那他还有最后的撒手锏，就是把铜斗烧得红红的，在你的胸背两面循环烫熨。

　　这么一个角色，自然是王璘的唯一"忠臣"。"忠臣"既在位，非尽去奸佞不可，这是普通的常理。于是，"忠臣薛文杰"对王璘道：

　　"陛下的左右多是奸臣，不质诸鬼神，怎么能够晓得并加以分别呢？巫者盛韬是'视鬼'能手，不妨叫他来看一看。"

王璘认为这话说得既中肯又有理，决定就这么办。

薛文杰最恨枢密使吴勖，刚好吴勖那时正患病，薛某不怀好心地来探病：

"皇上因为阁下病了很久，很想叫你辞职，我说：'你不过是小小的头痛罢了！'主上如果遣使来问，请不要说其他疾病。知道吗，亲爱的吴先生？"

不明就里的吴勖，对着这样的"好人"感激地点点头。

第二天，薛文杰差盛韬去向王璘报告："刚才在北庙目睹崇顺王在拷讯吴勖的谋反一案，先用铜钉砸脑袋，然后用金椎敲击。"

没有一点判别力的王璘把这个当作特大新闻去告诉薛文杰，薛某装出一副异常开明的派头：

"这恐怕不能完全靠得住吧，最好是先派人去调查一下。"

回答的结果果然是只有头痛，那就"对症"了！他立即把吴勖送到"拘留所"去，遣薛文杰与治狱专家共同"杂治"修理，呻吟于床笫的人物，哪里吃得消人家存心要给他的"杂治"，只得诬服，这一下可惨了，别的罪名可"诬服"，谋反绝对不能够，但吴勖只求能早日脱离"杂治"的修罗地狱，别的也不予计较。于是，他的妻子儿子一并被弃市，财产自然是"依法没收，充公"。

第二号的"奸臣"是王仁达，王仁达自恃擒斩王延禀有功，性格慷慨，每于言事时直言不讳，无所规避。王璘很不乐意，常说："仁达的才智有余，我本人当然能加以控制，但

'少主'对他就'莫法度'啦!"承风希旨的人立控王仁达谋叛,于是族诛了事!

公元934年,吴将蒋延徽败闽兵于浦城,遂围建州,王璘遣骠骑大将军王延宗等率兵万人往救,军行至中途,统统不愿往前方开拔,并且叫出口号:"不拿薛文杰,绝不讨贼!"

大将军遣使往后方报告,国人震恐,太后及福王王继鹏涕泣着跟王璘道:"薛文杰盗弄国权,枉害无辜,天怒人怨太久了!现在吴军深入,士兵都裹足不前,一旦国家亡了,留着薛文杰有什么用?"

薛文杰也站在一边,他当然要为自己的生命、安全及既往的"忠君爱国"的行动做一番有力的反证与辩论。

王璘道:"我对你是没有什么话可说的,你自己打算吧!"

薛文杰只好偷溜出来,来到启圣门外。王继鹏以朝笏自后奋击,薛某踉踉跄跄地倒了下去,遂被装入槛车内,送到前方去交账。市民们听说薛某被捕,争相以小石头、瓦砾击之。

薛某善术算(占卜之类的玩意儿),在槛车里,他还在掐指占算,然后沾沾自喜道:"三天后,就没有大患了。"

押送的士兵听后,倍道兼行,在两天内就赶到前方。前方的士兵们一听到"薛文杰来了",无不踊跃万分,一拥而上,你一块,我一刀,薛文杰硬是被脔食得精光。

他的"后台老板"王璘忙遣使持诏来特赦,哪里还有薛某的踪迹。

最初,薛文杰嫌古制的槛车太疏阔,被送的囚徒太舒服,光坐着而不需走路。于是,他别出心裁,自制成木笼,四周攒以铁芒,囚徒在内,一举一动均会触到。车成,还没有任何人试用过,倒是他自己首先"入笼",真是"上天有眼"!

盛韬也被送上"断头台",盖一丘之貉不能留也。

士兵们处置了一桩大快人心的国事,才高高兴兴地开到前方去,凑巧蒋延徽于此时被召回,闽方得到双重胜利。

事到如今,王璘的好戏委实无多,但仍须叙述,使前后文连贯。

王璘的皇后陈金凤,原是王审知的丫头,容貌丑陋,性淫荡,王璘偏爱这块"料"。在他尚未抢得宝座前,彼此已有过"一手",既得宝座后,王璘并未始乱终弃,居然将她由淑妃擢为皇后。以这样的货色来"母仪天下","戏路"自会出奇。

王璘晚年中风,陷入半身不遂的状态。于是,"陋而淫"的人物公然招"野老公",归守明、李可殷两人就是她的临时丈夫,全闽没有一个人不知道,除了那个"中风者"。

皇后的"临时丈夫"李可殷恃势,在王璘面前说皇城使李仿的坏话,后族的人物对福王王继鹏无礼。李仿遂与福王组成联合阵线,当王璘病得厉害时,李仿先动手,差壮士数人把李可殷宰了!

不幸,王璘的病又转好了些,陈金凤哭诉李可殷冤死,王璘抱病上朝,一定要追究李某的死因。李仿害怕,先行退朝后即引兵鼓噪入宫,王璘闻变,匿于九龙帐下,乱兵乱刺之后拖拉出来,王璘身上有无数的窟窿,却因未中心脏要害,始终未曾断气，宫人看他受不了那种痛苦，干脆结果了他！

于是，李仿一不做二不休，把皇后、奸夫、后党以及一些"碍眼的人物"也一并结果。

王继鹏即皇帝位，改名王昶，这是当时的规矩，换一个名，讨个吉利。很多皇帝都如此，他也不能例外。

四、承受三项衣钵

王昶即位后，有几件昭明卓著的"政绩"。

第一，放国翁。六军判官叶翘禀赋耿直，学识尤为广博，在五代中有学识是很了不起的一件事。王璘特地把他挑出来，做王继鹏的师友。继鹏一向以师傅的礼节对待他，在言行上确实得到不少的裨益，因而人人都叫叶翘为"国翁"。

王昶既即位，地位爬高，再也不需要国翁了！举凡一切国家大事，叶翘都没有资格参加。一日，王昶正在办公，叶翘穿着道士服，从庭中趋出，王昶忙把他叫回来："真对不起国翁，军国大事太忙了，以至于未能时时来请教，真是该死！"

叶翘顿首道："老臣辅导无方，致使陛下即位以来，无一善政可称，现在，我打算正式退休。"

"俺阿爸把我寄托于你，如果政令有欠妥的地方，你应当提出来纠正，怎么可以撒手就要回去！"遂嘱左右厚赐金帛，安慰一通，谕令复位。

王昶和其父王璘患了同一毛病，王璘爱上其父的小丫头陈金凤，王昶也爱上其父的小丫头李春燕，父子有同嗜焉，实颇罕见。爱上李春燕后，王昶就把元妃梁国夫人李氏搁在一边。

"叶国翁"看不顺眼，干涉起皇帝的房帷之事来："梁夫人是先帝的外甥女，以大礼聘来的，怎么可以为了新欢而放弃旧爱？"

什么新欢旧爱？叶老头哪会晓得这么多，皇帝不理他。

不久，不甘寂寞的人又上书言事，王昶提起御笔，福至心灵地来了一句七绝，批道："一叶随风落御沟。"此后，叶翘正式卷起铺盖，回家吃老米饭。

第二，逼廉吏为墨官。王昶继承其父的第二副衣钵是兴建白龙寺，工程浩大胜过宝皇宫。钱哪里来？他把吏部侍郎判三司蔡守蒙叫到面前，摆出假正经的派头：

"听说升官，都以金钱为标准，对吗？"

"那是无根的浮言，最好不要相信！"

"我老早就搞得明明白白，现今我委任你这样做。贤能的官吏，固然要擢用，但是冒名顶替的也不要拒绝。不过，后者须附带一个条件，看金钱的多少来决定，你明白我的行政方针吧，蔡三司？"

素称廉洁的蔡守蒙，颇吃惊于这项古今罕有的"特别面谕"。最后，他鼓起最大的勇气："我看你还是多多自行斟酌吧！"

"斟酌过了，不必多说！皇帝的命令就是这样的，没有讨价还价的余地。听从呢，彼此平安无事，否则，你得当心你的脑袋。"

蔡守蒙顶不住皇帝的压力,从而软化下来。从此,官员的升贬以金钱多少为准,有一定的市价、行情。三司使的门口挂有升跌的牌价表,有如交易所一样,是为一奇!

再进一步,王昶印了很多"空白的堂牒",叫医工陈究专门在外面搞这套买卖,哪一个愿意"买官",按价填表,立填"堂牒",钱货两讫,互不赊欠,是为二奇!

王昶有诏:"隐年者杖背,隐口者死,逃亡者族。"这就是说,报年龄要从实,户口不许以多报少,有人逃亡出境的,全族诛杀。为什么这般认真?盖人丁有税有庸,户口有赋有调,逃亡不是等于租税、庸、调都没有了吗?他的着眼点全在此,其他诸如水果、蔬菜、鸡鸭、鱼肉,莫不课以重税。

第三,迷信得"跨灶"。王昶的迷信比乃父王璘要凶。他嫉妒他的叔父前建州刺史王延武、户部尚书王延望的才名,总在打主意把他俩干掉,才能了却心中夙愿。巫者林兴刚好跟王延武有宿怨,乃借着鬼神"冥语"道:"王延武、王延望将要叛变。"王昶抓到这项"神证"做借口,也不加以调查、审问,立即让林兴带着大批人马冲到两位叔父的府第,将其一砍而光。

宝皇宫主陈守元尚在,王昶奉之如神仙,特遵宫主之嘱,在宫禁里建三清殿,以黄金数千斤铸宝皇大帝、天尊、老君像,昼夜作乐,焚香祷祀,求神丹,政无大小皆由林兴传宝皇大帝的命令来决定。

不幸，北宫失火，抓不到纵火的凶嫌，王昶命令控鹤军使连重遇带内外营兵打扫余烬。平均每天之中，差不多要动员一万人，士兵们莫不痛苦万分。后来王昶竟疑心纵火的凶嫌就是连重遇，有人把这个消息走漏给连某，"老连"慌了手脚，于一个轮值当班的夜里，率领二都兵（即拱宸都、控鹤都，是待遇最差的部队）正式放火攻长春宫，然后差人去迎接王延羲前来主政。（按：王延羲是王审知的小儿子。）

士兵们在瓦砾声中高呼万岁，连重遇再召外营兵助战，王昶带着皇后（小丫头李春燕）逃到亲卫军的宸卫都避难。宸卫都兵败，余众千余人奉着他夫妇俩自北关逃出，至梧桐岭，逃散一部分。此时，王延羲派其侄王继业（前汀州刺史）带着兵追来，王昶凭借好射术，射杀了几个，但不一会儿，追兵云集，王昶心中明白快完了，他的末日到了。他把弓丢在地上，对着王继业道："你有臣子的礼节吗？"

"君无君德，臣哪来臣节？新君是我的叔父，旧君是我的兄弟，哪门是亲，哪门是疏？"王继业理直气壮地说。

王昶哑了嘴巴。

"跟我回去！"

王昶跟着王继业，像一条小哈巴狗，被撵着折回。路上王继业请他喝两盅，他倒畅饮起来，竟弄到酩酊大醉。于是，王继业把他绞缢掉，李春燕及诸王子也一起被送到鬼门关去！

王昶继承了无一可取的三项衣钵，结果弄得全家都成"缢死鬼"。此外，他还地地道道地推行"六不主义"——不事其君、不爱其亲、不恤其民、不敬其神、不睦其邻、不礼其宾。

陈守元在三清宫中，听说第二号"后台老板"逃难，慌忙换了服装，想溜之大吉，士卒可不放过他，把他的首级砍了下来，宝皇大帝于临难中终究没有保护他，这就是气数！

最可怜的是由廉吏变成贪官的蔡守蒙，连重遇把他的罪状一条条数出来，不客气地也送给他一刀。

现在，大闽皇帝的冠帽落到王延羲的脑袋上，王延羲也换了个吉利的新名——王曦。

五、大闽皇帝与大殷皇帝

大闽皇帝王曦也不是"料"，一朝权在手后，骄淫苛虐，猜忌宗族，多寻旧怨。其弟王延政几次以书信相规谏，不听，复书大骂一顿，从此兄弟俩一直闹到分家、分国，甚至兵戎相见。

即位后半年，王曦即遣统军使潘师逵等将四万兵攻王延政，延政向吴越元瓘求救，吴越派兵四万来救。

王延政又以厚币招募"敢死队"千余人，乘夜泅水，潜入沿岸置营的潘师逵的"桥头堡"中，因风纵火。城上的士卒击鼓鸣锣以相呼应，潘师逵被杀，部众溃散。王延政乘胜袭取永平、顺昌二城，金溪与汝溪两条交通要道全被建州控制。对王延政来说，建州兵强盛起来了！

当吴越的救兵赶到时，福州兵已败退，王延政叫人搬出牛酒劳军,并要求对方班师回去。吴越兵不肯,竟在建州城的西北筑起营盘来。王延政无法不惧怕,又向福州方面求救,王曦派大将王继业率兵二万来援,王继业先以轻兵绝吴越的粮道,碰巧天又老是下雨,吴越兵的粮食骤成问题,王延政派兵出击,大败之。建州又得到第二次的胜利。

战胜后,王延政要求升官,被封为富沙王。

被封为富沙王后,王延政即领兵与其兄相攻,彼此互有胜负,闽江流域两岸暴骨如莽。

在胜负未分之中,先看看大闽皇帝是怎样的一块"料"。

王曦淫奢无度,财用匮乏,乃承袭王璘、王昶的一套,尽可能地搜刮钱财。事先,他向国计使陈匡范请教"刮"的一套,陈匡范夸下海口:"请日进万金。"

王曦大悦,立即任命他为礼部侍郎。

陈匡范有啥法子可以日进万金呢?一切赋税加三五倍,如是而已。

一回,王曦请客,举起盅来,向匡范干杯,道:"明珠美玉很容易弄到,像阁下这样的'人中之宝',不是容易求得的,我敢说。"

不久,商贾的赋税总不能缴足,只得拿省务钱来弥补赤字。但做贼的人总是心虚的,陈匡范老是担忧"日进万金"的西洋镜会被拆穿,终于,他不是心脏病复发就是脑出血,随之翘了辫子。

王曦痛惜这样一个不可多得的"财神爷"去世,特送一笔很可观的赙仪，并亲临致祭一通，以示优恤。

但不久，各省务统统把陈匡范的"借款单"递了上来！王曦气得小胡子老往上翘，立即命人开其棺戮尸，再行水葬。

看出王曦不择手段要钱的黄绍颇，在代领国计使后，即向王曦说明，还是走王昶逼迫蔡守蒙的那条路线，较为迅捷有效。王曦认为，这倒不失为聪敏兼可行的办法，于是就这样办，除荫、补二项官职外，其余以输钱纳款的多寡决定。

福州一直保持着这股祖传的"良好风气"，市场上正式开始卖官鬻爵。

"上好之，下必甚焉"，这是官场的通律。泉州刺史余廷英于贪墨之余，还掠人女子自己享用，对外则说是"奉诏采择，以备后宫"。风声由地方传到朝廷，王曦无法不生气，派御史去调查，余廷英明白"阎王易见、小鬼难缠"的哲理，亲自跑到福州去做一次"面圣的谈判"。一到福州，就有特使专门在等候把他送到"司法行政吏"那儿去，余廷英即刻呈献"买宴钱"。

王曦高兴得几乎跳到屋顶上去。明日，皇帝召见："宴是买了！皇后的贡物在哪儿，余刺史？"

余廷英不慌不忙，万分有把握。因为他哪能没有准备这个，没有准备这个还成"余廷英"吗？

谈完王曦的爱财故事后，该看看他在"酒"方面的韵事：

这么一个荒唐无度的角色，开琼筵以坐花，飞羽觞而醉月，几乎是由其值日副官排成"课程表"，轮番欢宴。

闽（公元909年—945年）

某一个夜宴，吏部侍郎李光准醉了，可能在酒令方面违忤了他的意旨，当即被喝令推出斩首。

聪明的法曹知道这是"乱命"，只送到"拘留所"拘禁了一夜。翌日酒醒，李光准如常去办公，王曦也忘却昨夜发生了什么事，若无其事地让他继续办公。

这天夜晚，王曦又重新开宴，这回，轮到翰林学士周维岳被送入"拘留所"去。

善解人意的法曹把床铺打扫干净后，安慰他道：

"昨夜李相公在这里过夜，周尚书请不要难过！"

周维岳一点也不难过，就在"拘留所"过夜，天亮后平安无事地回家。

他日，又聚宴，侍臣们都醉饱回去，独独留下"酒桶"周维岳，说什么也不想走。

王曦半开玩笑地问左右："周维岳身体那么瘦小，为什么酒饮得那么多？"

"酒有另外的别肠可装，所以就不必长大！"左右也半开玩笑地回答。

"把他推下去开刀，我要看看他的'酒肠'！"王曦高兴得跳了起来，他要学学纣王的故事。

聪明的左右明白这个玩笑开得太不像话，连忙道："看酒肠，杀掉了'酒桶'，以后叫谁来陪你痛饮？"

"哎！我真是糊涂！算了算了！"王曦乍醒过来。

有"酒肠"的"酒桶"以后常陪皇帝"剧饮"！

王曦娶金吾使（等于现在的警察局长）尚保殷的女儿作妃子，尚妃子很漂亮标致，王曦宠爱得像心肝宝贝一般，每逢酒醉时，尚妃子说"杀"，则那个人准没有命。相反地，尚妃子说"赦"，虽有弥天大罪，照赦不误。

王曦的女儿将出嫁，他把"班簿"（贺仪收入簿）拿起来细阅，朝士中有十二个人没送礼，立即于朝堂中当众打屁股（廷杖）并追究到底，既有人"不送礼"，御史中丞刘赞应连带负"不举劾"的罪，也须廷杖。

此无他，因皇帝"好礼"故也。

当王曦闹得乌烟瘴气之时，富沙王王延政也不甘寂寞，称帝于建州，国号大殷。闽江流域上下游，出现两个对抗性的王姓政权，两个政权的政绩可以说是一无可取，独独在竭泽而渔、聚敛搜刮方面如出一辙，几乎是百分之百的"祖传"。

王延政既做成皇帝，少不了的当有皇后、宰相、兵部尚书、谏议大夫、节度使、刺史等之类的委派和任命。他的兵部尚书杨思恭即是一位搜刮的能手，凡田亩、山泽的税收，以至于鱼盐蔬果，无不加倍增收，大殷国人人人都叫他"杨剥皮"。

这么一个小朝廷，国小民贫，加上军旅不息，连年战争，情势仍像一个小藩镇，除掉那些帝、后、尚书等的名称较响亮外，剩下的就是皇帝的一身赭红袍，充充壳子而已，其他的根本不足道！

这么个小朝廷，还有啥可称道的政绩呢？其吏部尚书同平章事（宰相）潘承祐把它归纳成十条：

兄弟相反,逆伤天理,一也。

赋敛繁重,力役无节,二也。

发民为兵,羁旅愁怨,三也。

杨思恭(杨剥皮)夺民衣食,使归怨于上,群臣莫敢言,四也。

疆土狭隘,多置州县,增吏困民,五也。

除道裹粮,将攻临汀,曾不忧金陵(南唐)、钱塘(吴越)乘虚相袭,六也。

括高资户,财多者补官,逋负者被刑,七也。

延平诸津,征果菜鱼米,获利至微,敛怨甚大,八也。

与唐、吴越为邻,即位以来,未尝通使,九也。

宫室台榭,崇饰无度,十也。

潘承祐所列举的全是事实,但这些话只宜对头脑开明的"贤君"说说,对于懵懵懂懂的,非但多余,而且是"贾祸的资料"。幸好,他只是被"削爵、勒归私第"而已,头颅还不曾搬家,也是幸哉!

六、皇帝爆出冷门

拱宸都指挥使朱文进与阁门使连重遇宰杀了王昶后,彼此老是担忧国人声讨,于是二人进一步勾结,实行联姻,借婚姻的裙带关系,可把消息弄得更灵通些!

他俩共同拥护王曦,但王曦是诛杀无常的暴君。下列两件小事，终于引起朱、连二人的不安而动了杀机。其一，王曦好酗酒，是闻名的酒徒，一回，他醉中游园，迷迷糊糊地把控鹤指挥使魏从朗宰了，而从朗乃是朱、连二人的死党。其二，王曦于醉中，嚼蛆似的诵起白居易的诗来："唯有人心相对时，咫尺之间不能料。"因此举盅要朱、连干杯。

"我们以儿子的心情来奉侍陛下，绝对没有别的意图和打算！"朱、连二人声泪俱下地表明心迹。

王曦不吭气，既不慰抚解释，也不让"临时发言人"否认、阐明。

朱文进、连重遇对预期中要来的灾难无法不害怕。

李皇后嫉妒金吾卫尚保殷的女儿获得专宠，打算把老头搞掉后扶立自己的儿子。如今，她听到朱、连二人的怨懑后，乃差人去传话：

"皇帝对你们俩无法原谅，该当怎么办？"

情况发展至此，朱、连二人不得不暗中布置一下，基于求生的本能和不甘坐以待毙的心理，以及当时社会的特殊情况——先下手为强，后下手遭殃。

机会终于等到了！李后的老头子生病，王曦以半子的身份到岳父家探病，在路上，朱、连的死党把他赶到鬼门关去。

接着，朱、连按照计划进行，召集文武百官开会，开幕词如下：

"王审知的子孙们都荒淫无耻，把他原有的王基搞得一团糟，弄到连皇天都讨厌姓王的，咱们现在要选择有才德的来做王!"

文武百官仿佛全患着"禁口痢",死也不开腔。

"现在我拥护朱文进!"连重遇也不等人家同意与否,即推朱文进升殿,披上衮龙袍,然后率领群臣北面朝拜,山呼万岁,一切草草如仪。

朱文进成为大闽国的皇帝,皇帝至此爆出冷门。

冷门皇帝下令,收捕王氏宗族五十余人,全部弃市。

第二道诏令是,放出宫女,罢黜营造,这是差强人意的措施。

半年后,冷门皇帝朱文进仍未能搞好辑睦的工作,一些怀旧的将领开始追念旧主,打算有所表示和作为。

泉州府的散员指挥使留从效是第一个把朱文进的底牌揭开而传播怀旧情绪的角色:"朱文进屠灭王氏,遣其腹心分据诸州,我们都是世受王氏恩惠的人,今交臂事贼,倘使富沙王王延政一旦收复福州,那我们准是死有余愧。"

"对的!"从属附和着他的意见。

接着,留从效把自己喜爱并亲近的壮士请到家里聚餐,先播出一个假消息:"富沙王已平福州,有密旨,令我们讨黄绍颇(朱文进的羽林统军使)!"紧接着,他话锋一转,口气突变:"我看诸位的相貌,都不是甘于久处于贫贱的,如果肯听从我的话,则富贵可图,否则对不起,大祸即刻临头!"

"我们跟着你走!"壮士们众口一声地吼叫着。

留从效率领着众位弟兄,越过黄家的围墙,把黄绍颇就地解决。然后，从效揣拿州印，直诣王继勋家（王延政的侄子），请其主持军政；一面忙差人向建州的王延政报告，延政委他为都指挥使。

朱文进听说泉州发生事变，立以重金募二万大兵攻之，王延政遣大将来救，留从效开门迎战，大破福州兵。

朱文进惧怕了，遣子弟为人质向吴越求救。但救兵始终不来，朱文进进退维谷，当时又有谣言说南唐将派兵来讨，文进遂派宰相李光准奉国宝于殷。

南廊承旨林仁翰看出"冷门皇帝"为日已无多，乃召集一批门徒道："我们世世代代奉侍王家，现今却受贼臣控制，倘使富沙王来了，我们还有啥面目可相见呢？"即以那三十名"基本干部"，全副武装后直扑连重遇的府第，连方拥重兵自卫，三十名"干部"有的临阵胆怯，稍稍遁逃，唯林仁翰执槊直向前冲，刺杀连重遇，斩其首以示群众，道：

"富沙王马上就要来，你们准是灭族无疑。现在连重遇已经死了，为什么不一起去把朱文进宰掉来赎罪呢？"

一语提醒了众人，大家又都踊跃跟着林仁翰走，冷门皇帝的末日已正式来到，朱文进的首级被群众搬了下来。他与连重遇的头颅被一并送到建州那儿去，待法医的验证。

福州方面的故臣都希望大殷皇帝王延政能回闽主政，但王延政因有南唐的兵在寇边，无暇迁都，只派了一个侄子王继昌来福州坐镇而已。

七、又爆出一个冷门皇帝

坐镇福州的王继昌，暗弱，不明是非，又极嗜酒，不爱惜将士，将士们多有离怨之心。

一个反复无常的将领李仁达，跟一个投机取巧的无聊客——陈继珣，因福州眼下是在王延政的势力范围内，担忧王延政会理起他俩的旧账，乃把王氏的祖宗十八代的旧账全翻出来清算。他们前往游说新来福州上任的镇遏使黄仁讽道："唐兵已胜，建州孤危，富沙王连建州都无法保得住，怎么能够保有福州？而王氏的基业开创人王潮、王审知不过是光州固始县的平民而已！夺取福建，易如反掌，我们也应趁此机会自图富贵，怎么会见得我们就不如王氏兄弟呢？"

黄仁讽认为有理。当天夜晚，李仁达带着武装士兵冲入府内，把王继昌等人宰掉！

李仁达很想自立为王，但又顾虑到自己的声望太差，恐怕人家不会服帖，在一筹莫展中，他突然想起雪峰寺的和尚卓岩明，素来为大众推重，于是故意宣传，道：

"卓和尚双眼重瞳（有四颗黑眸子），两手长度过膝，这种长相才是真正的天子哩！"

莫名就里的人们果然把和尚请来做皇帝，六根不净的卓和尚也不加以婉辞，解去衲衣，披上衮冕，居然大模大样地做了起来！福州又爆出一个冷门皇帝。

建州的王延政得到这离奇得出谱的消息后，先把黄仁讽的家人全部屠杀，然后派兵来讨，黄仁讽开城力战，得到一场小胜利。而和尚皇帝对战争是外行，当战事在进行时，他除在宫殿上喋水散豆，大做法事，祈求天兵天将及我佛如来的暗助外，别无良法。

四个月后，李仁达使人报告和尚皇帝，黄仁讽、陈继珣想造反，已被诛杀了！皇帝不敢说什么，从此，兵权都落在李某的手内！

接着，李仁达来了一次大阅兵，请和尚皇帝亲临参加检阅。突然，军队哗变，有人突前登阶，刺杀卓岩明和尚。李仁达假装很吃惊地也想逃走，但立即被士兵抓到，按倒在和尚皇帝的座位上，李仁达的把戏委实演得既逼真，又成功！可怜六根不净的人物，仅做了一场极其短暂的"春梦"，连带他的"太上皇"老太爷也一并被处决，真是"祸延祖考，死有余辜"。

李仁达遣使于唐，唐封他为威武节度使，同平章事，赐名李弘义，编在属籍，但李弘义又遣使修好于吴越。

福州变成李仁达的天下后三个月，建州的大殷国突然发生激烈的变化，建州被唐将攻克，王延政出降。

接着汀州、泉州、漳州均降，南唐的领土从长江下游骤然延伸到闽江流域并扩展到九龙江口。

两个月后，王延政并其全族被召到金陵去朝拜，南唐赐给他的封号是羽林大将军。这一年是公元945年，正当石晋的石重贵亲自出征，给契丹吃一点苦头的那个好年头。

需要附带一提的是,南唐把人人怨愤的大殷的国计使杨思恭(杨剥皮)斩首,以谢建州人民,建州人个个称快。

闽国自王审知传至王曦、王延政,一共是六王,历三十六年而亡。

这个"大闽国",兴得颇新奇,亡得也相当离奇!

南汉

（公元 917 年—971 年）

第二十一章
"宦官国"：南汉小朝廷

一、"水狱"发明家

在广州建立南汉政权的刘隐，祖籍是河南上蔡，为了逐什一的微利，终于落籍于此。他的父亲刘谦，做到了封州刺史。

公元894年（唐昭宗李晔乾宁元年）冬十二月，封州刺史刘谦逝世，刘隐居丧于贺江，有当地民众百余人谋作乱，刘隐以迅雷不及掩耳的手段，在一个夜里将他们尽数杀死。于是，刘隐终于够资格递补其父的遗缺。

两年后，清海节度使薛王知柔行至湖南，拟越过五岭前来广东，广州牙将卢琚、谭弘玘等不许其入境，谭弘玘自守端州，乃拉拢刘隐共同行动，条件是可以招他做女婿。刘隐满口应承，并亲自迎亲，其实船中埋伏的全是士兵。刘隐夜入端州，斩杀谭弘玘，趁势袭取广州，枭了卢琚的首级，以盛大的排场欢迎清海节度使莅粤，当即被知柔表为行军司马。

此后刘隐也学会了"金钱攻势"，和朱温拉上某些关系，于是他正式搞到清海节度使的官职。

公元909年，朱温封他为南平王。两年后，刘隐病重，以其弟刘岩权知留后，撒手谢世。

又到四年后（公元915年），刘岩认为梁朝的末帝朱瑱封官不公，吴越的钱镠被封为吴越王，自己则是南平王，为求公允起见，上表求封为南越王及加都统，朱瑱硬是不答应，刘岩因而有了借口：

"现今中原纷乱，到底是谁该做天子呢？我怎么能够梯山航海、跋涉万里，去奉侍伪朝啊？不必再进贡了！"

917年，刘岩即帝位于番禺，国号大越（翌年改为汉，即南汉），也有改元大赦等那一套封建手续，以广州为兴王府。

公元928年，楚出动水军攻汉，包围了封州。刘岩以《周易》来卜筮，遇"大有"卦，于是大赦天下，改元大有。他命左右街使苏章带神弩三千、战舰百艘往救。苏章至贺江，沉铁链于水底，两岸则做巨轮来绞挽，另筑长堤以做掩蔽，堤中埋伏战士，然后以轻舟迎战，假装败北，逃入堤中，楚军乘胜追赶，巨轮一绞挽，铁链浮出，楚舰不能进退，神弩尽出，夹水而射，楚兵大败，南汉得到决定性胜利，苏章被封为封州团练使。

刘岩把一大群儿子统统封王，长子刘弘度先被封为宾王，后徙为秦王。

公元934年，秦王刘弘度奉命制六军，更募宿卫兵（亲卫兵）一千人，这些人几乎全是市井无赖，刘弘度特别喜爱他们。同平章事（宰相）杨洞潜谏道：

"秦王是国家的冢嫡（嫡长子、王位继承人），应当多多亲近端正的人物，现叫他治军旅，似乎是一项过失，何况他又亲近一群市井流氓呢！"

"小儿教以军旅之事，竟要麻烦老先生的担忧，真使我过意不去！"刘岩偏不以为然，他自有看法。

杨洞潜目睹宿卫兵在劫掠商人的财货，而商人忍气吞声，不敢提出控诉，叹道：

"这样的乱政，还要宰相干什么？"因此托病辞职。

公元942年，刘岩病得很厉害，自知大限已到，对后事要处理一番。秦王弘度、晋王弘熙皆骄恣，唯少子越王弘昌孝谨有智识，乃差秦、晋两王出镇州府，想立越王。制命都准备好了，碰巧崇文使萧益入内问疾，刘岩遂征询他的意见，萧益搬出传统的老一套：

"立嫡以长，否则一定会引起内乱。"

一句既不通权达变又不合时宜的话，终于把刘弘度的座椅给"摆定"。

综观刘岩的一生，殊无过人的事迹，但下列数事，则务须一提：

其一，为人辨察，好权谋之术，最懂得驭下的方法。

其二，岭南通西洋各国，为奇珍异宝所聚的场合，他最喜爱穷奢极丽，宫殿全以金玉珠翠为饰。

其三，喜用酷刑，有灌鼻、割舌、肢解、剖剔、炮炙、烹蒸等刑，又创立"水狱"，池内豢养着毒蛇，把囚犯投入其中，让其被咬，婉转哀号以死。

其四，宠任宦官，由是国中宦官大盛。

二、"生地狱"发明家

南汉的秦王刘弘度即位，即汉殇帝，以其弟晋王弘熙辅政，自己不亲政务，刘岩的丧事尚在进行中，他已在饮酒作乐，夜与娼妇同游，并排列裸体的男女欣赏。

左右如果敢违背他的意见，准是杀无赦。

刘弘度很猜忌诸弟，每次聚宴时，生怕有人动他的脑筋，总是叫太监把门，凡群臣宗室入内时，必须被搜索一通后，才准许进入。

晋王刘弘熙谏过几次，知道谏也是白费唇舌后，遂改变主意，动起乃兄的脑筋来。于是他盛饰声伎，专取悦其兄的意旨，以促成其恶。

刘弘度还喜欢柔道式的"手搏"（徒手格斗），晋王令指挥使陈道庠介绍五个著名的拳术家，专在晋王府练习。刘弘度听到这个消息时，高兴得老想亲临观摩。一天，刘弘度会宴诸王于长春宫，为的是参观"手搏表演"，至黄昏时宴席才结束。当他酩酊大醉后，刘弘熙差陈道庠及手搏家扶掖着他回宫，趁机把他拉杀，其左右也一并被拉杀。

第二天，晋王刘弘熙即皇帝位，是为中宗。

国中谣诼纷纷，流言四起，循王刘弘杲劝其兄斩杀那些手搏家以谢国人,刘弘熙怎么会答应呢?手搏家们得到这个不利的讯息后,即诬循王谋反,刘弘熙叫他们趁机下手。有了这项秘密的诏令后,手搏家们的大事就可着手进行!一天,循王在宴客,手搏家们立即冲杀进去,斩掉循王。于是,刘弘熙遂乘机以各种方法砍杀诸弟。

刘弘熙担忧一些王们(未被杀的诸弟)会同他的儿子争国,乃把他们统统杀掉,而纳其女(即侄女)充后宫。

接着,他不让其父有专美于前的发明,居然发明了"生地狱",有镬汤、铁床、剐剔等特刑。

一回,刘弘熙醉态迷蒙,把瓜放在乐工的颈处来试剑,瓜破,乐工的颈也断了。这不算"误杀",在帝王看来,这不过是一次"不小心的游戏"罢了!

人命,在帝王的心目中,本来就像一只小蚂蚁,算不得什么!

刘弘熙遭知制诰钟允章求婚于楚,楚王马希广不许,气得刘弘熙直翘胡子:"姓马的,还有力量可经营南方吗?"

"马氏兄弟正彼此磨刀相向,哪还有余力来侵略我们?"钟允章以其锐敏的观察力作出判断,并据实以报。

"对!马希广懦弱而吝啬,其士兵们早已忘记战争是怎么一回事!这正是咱们进取的时候!"

南汉筹备四个月后,遂派吴怀恩将兵攻击楚的贺州,楚派五千兵来救时,南汉已拔贺州。

汉将吴怀恩在城外挖掘大陷阱,上面覆上竹箔,然后铺平，陷阱内装设机轴，自地堑中通穴，直达陷阱。楚兵来攻，南汉遣人自穴中发机，楚兵悉数落入陷阱，南汉乃纵兵奋击，楚兵死千余人，其大将遁归，马希广斩之。

三、宫人与宦官

公元950年，刘弘熙以宫人卢琼仙、黄琼芝为女侍中，朝服冠带，参决政事。女权之正式获得提高，以刘弘熙始，女子之参预政治并表现其政治才能，以卢琼仙始。

甘泉宫使林延遇（宦官），刘弘熙特别宠信他，将他倚为腹心，刘弘熙诸弟被诛戮殆尽，全是林某一人的计谋。林延遇翘了辫子的那天，南汉的人民纷纷以各种方式来庆祝。

晚年，刘弘熙常忧形于色，一来南唐屡败于周，他很想遣使入贡于周，又为湖南的马楚封锁，不得已才治战舰、修武备，往后更是纵酒酣饮，理由是我自己能不做俘虏而死就够幸运了，哪有工夫替后人着想？

死神终于把刘弘熙带走，其长子卫王刘继兴即位。刘继兴才十六岁，正是"问题少年"，国事全取决于宦官玉清宫使龚澄枢及女侍中琼仙等，其他官员仅挂名、签到而已。

公元959年，刘继兴以中书舍人钟允章是藩府旧僚，擢其为尚书右丞、参政事，甚为宠任。

钟允章以为，国家要复兴，须先把几个乱法的拿出来开刀，以正纲纪，使人心有所畏惧，以后政治较易上轨道。

但刘继兴硬是不答应。这消息传到宦官的耳朵里后,立即演变成两者的正面冲突。

刘继兴将祀圆丘,前三日,允章率礼官登坛,四顾指挥摆设神位,预作一番布置。

太监许彦真望了一通后,道:"他想造反呀!"即行带剑登坛。

钟允章把他斥退下去。许某奔逃入宫,立即告御状:"钟允章打算于郊祀的那天作乱,你要特别小心,我的好皇帝!"奴才摆出一副万分诚恳的姿态,几乎声泪俱下。

"我待钟允章这么好,哪会有这种事?"刘继兴尚称理智,不愿凭一面之词来做论据。

"一点儿也不会错,我的好皇帝,钟允章是百分之百地准备造反!"龚澄枢和其他的坏蛋太监一起跪下来宣誓、做证。

钟允章就这样被太监们逮到"拘留所"去。问案的法官除礼部尚书薛用丕外,其余全是宦官。

薛用丕平素与钟允章关系还不错,告诉允章这次肯定脱不了身。

钟允章悲从中来,啜泣着紧执老友的手:"老夫今天犹如俎上的一块肉,被仇人所烹,应是分内之事,但恨我的两个儿子都太小,不晓得我的冤屈,等他们长大后,希望你把我的遭遇详细告诉他们。"

"反贼想要叫他的儿子替他报仇!"许彦真听了这段话后,破口大骂,连忙对刘继兴报告:"那天,我看到钟允章还同他的两个儿子登坛,暗作祈祷的!"

"也一起报销吧!"

钟氏父子三人就这样被宦官们硬吞下肚去,连骨头也一并被消化掉。

宦官更骄横了!在南汉的小朝廷上,刘继兴把龚澄枢封为左龙虎观军容使、内太师,举凡军国大事,概由他来决定,小朝廷的命脉交在太监的手中,其前途几不问可知。

刘继兴还有一点与众不同的嗜好,凡群臣有才能及进士状头或僧道,可与之交谈的,都须先下蚕室(阉割手术室),然后才得进,亦有志愿"自宫"以冀求进的,亦有赦免死罪而自宫的。这么一来,"宦官"成了一项"热门生意"。想要显贵用事,非去掉"那玩意儿"不可,不然,皇帝不理睬,不高兴啦!

南汉的小朝廷,成为名副其实的"太监国"。

刘继兴把军国大政全交给大太监,自己天天躲在皇宫内侍奉女巫樊胡子,从事于"淫戏"一类的本能工作。

赵匡胤早已一统中原!他要江南的李煜(李后主)转告刘继兴,去号称臣入贡,彼此可无事,否则吃不了兜着走!

已被女巫搞昏了头的人物,是绝不会因李煜的一纸转达书而改变已成惯例的"帝王生活"而就此屈服的,因为他也是不见棺材不落泪的一类货色。

赵宋的大将潘美率大军前来征讨,刘继兴的"皇帝梦"也突然惊醒!

南汉自刘岩算起,传到刘继兴,凡四主,历五十四年。

南平

(公元924年—963年)

第二十二章
"高无赖"：南平小朝廷

一、"先辈"的话

陕州硖石人高季昌（后改名季兴），本是朱友恭的仆人，因其机警、诚挚又英勇，朱温特地挑选他，表报为宋州团练使（公元902年）。

四年后，朱温又再度提拔他，升其为荆南节度使，原因是这里的旧节度使只会闭城自守，不图进取，不符合朱温英雄式的特殊要求。

荆南旧有的辖境共有八州，自唐僖宗李儇即位以来，寇乱相继，诸州皆被"邻道"的节度使吞并净尽，只剩下了江陵（今湖北省荆州市）。

高季兴到达任所一看，只见城邑残毁，户口凋耗，完全是满目疮痍的局面。幸亏，他并不因此伤心消极，他想要在颓垣残壁、蓬蒿没人中重新开辟一个新局面。他努力安顿流亡，让人民在安定的生活中共求进步与繁荣。

他是在朱温篡位那年的五月上任的。翌月，老欲找南平麻烦的武贞节度使雷彦恭会合了湖南的楚兵共攻江陵，但却被他顶住了。

第二年，淮南方面也来试探，也给他挡了回去。

他明白，像他这样一副"老粗"的坏模，要建立一个像样的小朝廷谈何容易，那该怎么办呢？他必须去物色一个懂得治国大计的人物来帮忙。事有凑巧，唐末登第的进士梁震，因要回原籍四川去，路过江陵，高季昌爱其才华、学识，说什么也不让他走，并拟奏请他做判官。梁震感到很受屈辱，想走呢，却身在其境内，犹豫了半天，终于有了好主意：

"我向来不爱慕虚荣的大官衔，假如你认为我不太差劲，想让我贡献一得之愚的话，就让我做参谋献议，希望你仍旧让我保持着'平民身份'来参加你的高阶层会议，不要拘束我，不必让我就在幕府里上班、办公。"

"行，行！只要梁先生肯帮忙，任何条件都行！"

梁震遂在高季昌的幕府中工作，没有任何官衔，他只称作"前进士"，终身只保持此一台衔。高季昌却倾心相待，一切以他为谋主，称为"先辈"。

从此之后，高氏有了占据荆南的野心，乃奏请，筑江陵城外郭，并加以扩充。他派都指挥使倪可福督促一万名士兵，从事筑城的繁重任务，他常常亲自去视察工程的进行情况，哪个敢有所怠慢，立加鞭挞。他的女儿嫁给倪可福的儿子做媳妇，高季昌对女儿说：

"回去对你的阿翁讲，我欲表示一点威严给大家看看，这样办事才有效果。"

公元923年,高季昌听说后唐庄宗李存勖灭掉了后梁,为避唐的庙讳,自动改名季兴,他很想入朝去朝见一番,梁震深不以为然:"唐有统一天下的意图,咱们派重兵、守险要,犹恐不自保,况数千里路而入朝?且你是朱氏旧将,怎么能保证他们不以仇敌的态度来对付你呢?"

高季兴不理会这些大道理,自行入朝,李存勖认为他够称臣职,特别优待,加中书令。

问题来了,以李存勖为中心的那一群角色,诸如伶官、宦官、爪牙等,无一不把麻布袋挂在两边,要求这位"好役"的"封疆大吏"快点把金银、财货、珠玉钱帛等多多益善地填进去,这样求无餍足的态度逼得高季兴大大地把无名火燃旺。但还好,他尚有耐性按捺这股"怨火",不然早已自焚身死。

依李存勖的原意,他很想把这位方面大员扣留起来。

但炙手可热、宠信如腹心的郭崇韬宰相却认为不妥:"陛下刚刚抢得中原的宝座,所有的诸侯们不过是派遣其子弟或将佐来进贡,意思意思罢了!唯独高季兴亲自入朝来朝拜,应当加以褒奖,使得人人向他看齐才行,怎么现在反而好意思把他软禁起来,这是背信弃义的举措,让四海的诸侯听到后,哪个不心中冷大半截呢?"一番大道理,说得李存勖哑口无言。

高季兴是在郭崇韬的一片好言辞及爱护下重新获得自由的。得知"自由"粘贴在自己的身上后,他快马加鞭,兼程赶回去,行至许州,对左右检讨此行的得失:

"此行有二失,来朝是一失,纵我回去是一失。"

过襄州时,节度使孔勍留宴,中夜,高季兴斩关而去,他怕夜长梦多,"自由"又被人家"收回去"。

回到江陵,他惊魂已定,握着"前辈"梁震的手道:"不听先生你的话,几乎被老虎们吞下去。"

二、四战之地与四面投机

翌年(公元924年),高季兴被封为南平王。

在唐明宗李嗣源时代,梁震荐前陵州判官孙光宪给高季兴当书记官,时高季兴正大修战舰,拟与楚国决一雌雄。孙光宪谏道:"南平在乱离之后,幸亏有了你来统治,士民才有休养生息的机会,倘使无端与楚国相争,别国趁着我们疲惫的时候,来坐收渔翁之利,你看该怎么好哪?"

高季兴满满乐意地听从了。

南平的特点是四面受敌,不论是陆路还是水路,前后左右全是不太友好的国家。于是,高季兴耍出他多面投机的一套,只图对他或荆南有利。

后唐的魏王李继岌平定前蜀的王衍后,遣其押牙韩珙等部,护送战利品蜀珍货、金帛四十万,顺流而下,来到峡口。高季兴老实不客气地"杀人越货",把韩珙搠翻到江底去,把所有的货品全据为己有,后唐明宗大怒,遣人想要回东西并加以诘责,高季兴倒答得很有力:

"韩珙等舟行下峡，涉数千里，假如一定要明白覆舟及溺死的缘故，请你自己去问问长江的'水神'吧。"

李嗣源大怒，立派步骑四万，会合四川、湖南的部众三面环攻。高季兴向吴求救，吴以水军来救，但高氏只是坚壁清野而不战。

江陵地方卑湿，对黄土高原的人马来说极不相宜，这时又正是连绵的雨天，运粮输饷成了伤脑筋的难题。结果，连身为招讨使的总司令也病倒了！李嗣源派专使视察一通后，以鞍马玉带厚赐楚王马殷，并要求其运输粮食至行营，马殷偏不买账。于是，李嗣源在无可奈何之下，只得把其大部队召回去。这趟，李嗣源连在战场上和高季兴打一个"照面"都不可得，白白辛苦了一通。

高季兴的第二笔大生意是抢夺楚王马殷的奖赏品。当时楚国派中军使史光宪入贡，李嗣源赐十匹骏马、两名美女，路过江陵，高季兴认为其没有"通行证"而擅自入境，于是抓了使节并夺取了他们的货物。这回算他运气，暂时没有引起兵革之事。

四面投机的人又再度投机，他愿举全镇自附于吴。

吴丞相徐温分析："政治措施在务实效、去虚名，姓高的臣事后唐很久了吧。洛阳距离江陵不远，唐人用步骑袭击甚为方便，但我们以水军战船溯流而上，在救援方面很困难。假如允许人家做藩属而于有难时不能救，让它硬被吃掉，怎么对得起人家呢？"于是，吴国接受了荆南的贡物，但不接受他称臣，请他还是去依附于唐。

十个月后，楚人终于要清算"劫货夺美"的老账，高季兴大败，被俘斩千人左右，楚人乘胜进逼江陵，季兴请和，归还史光宪，楚人归去。

楚王马殷责问六军副使王环为什么不乘机攻下荆南，王环道："江陵处在中央朝廷和吴、蜀之间，是四战之地，应当让它存在，它刚好作为我们外围的屏障。"

吃了一次败仗的高季兴又向吴王称藩，吴封他为秦王。同年冬十二月（公元 928 年），吴封的秦王、唐封的荆南节度使高季兴辞别了那个纷扰动荡的世界。

三、"高无赖"

当高季兴在耍弄四面外交的时候，他蛮有政治见识的儿子高从诲，认为不恰当。现在，顽固的老一代撒手西去，落后的想法也应一并被埋葬掉。高从诲抓到政权后，立即把改变外交政策的想法提出来让臣僚们讨论，他的意见是："唐近而吴远，舍近而臣远，不是明智的抉择。"

廷臣当然无异议，于是高从诲一面请求楚王马殷代为说项并谢罪，一面托人带信给中央朝廷，愿重新朝贡。这对后唐来说，无疑是一笔"呆账"又变成"活户"，自无不允之理。

四年后，高从诲升为勃海王（李从珂封他为南平王，荆南又名南平，故封号蛮恰当）。

秉性明远的高从诲亲礼贤士，政事委给梁震，事之如亲兄，梁震总是称他为"郎君"。

当是时，楚的第二代王马希范好奢靡，游客都夸其兴盛。高从诲怎能不动心呢？他问僚佐道："像马大王这样的作风做法，可称作'大丈夫'吗？"

孙光宪首先起立发言："天子诸侯，礼有等差，那是一个乳臭未干的小朋友，骄奢僭忲，取乐于一时，不做长远的打算，只图目前的享受，危亡原不过近在眼前的事，有什么值得稀罕的呢？"

思索长久的高从诲终于明白过来："说得是，孙先生说的话最有道理。"

他对梁震道："我自己检讨一下，平生的事已太过分，我要改变一下生活方式，我已下定了决心。"

打从这一天起，高从诲放弃所有的玩好与享受，专以经史自娱，减省刑罚，减轻赋税，一时境内搞得很像样。

梁震看到这情况，高兴得喟叹起来："先王待我如'布衣交'，以嗣王交托给我，今嗣王已能自立，且不输先人的基业。我老了，不可能再替人家服务了！"遂请求退休。高从诲说什么也留他不住，于是替他筑别室于土洲，以酬谢这位"前进士"的贤劳。

从此，梁震披着鹤氅，自称荆台隐士，每诣府听事时，总是骑着黄牛。高从诲常到他家去访问，逢年过节时赏赐甚多，在那个动荡无宁夕的时代，梁震能得到高氏父子推心置腹的照顾，可谓难得之至。

梁震退休后，政事落到贤能的孙光宪的手内。在当时，一个小康的局面多半是由贤明的人才辛劳获得的。

自高季兴专门掠夺诸道过境的货物以来,诸道不是遣使来诘责,就是大兵压境进行征讨。非到万不得已,高季兴是抱定"肉包子打狗"心理的,脖子被绳子套紧后才正式吐出,一点儿也不会感到难为情。因为这种事情,他干得多了,稀松平常,不以为奇。要晓得,他原是不识之乎的草莽英雄,更是"砀山大盗"朱温派给朱友恭的一名用人。

如今,有政治眼光的高从诲继立,但偏偏不幸,碰到后唐、后晋、契丹、后汉像走马灯般地窃据中原,南汉、闽、吴、后蜀皆称帝,荆南四战之地,且只有三个州——荆、归、峡。以这样卑小的土地,要独立称帝,不是等于"自讨没趣兼自讨灭亡"吗?高从诲很明白这一点,干脆向各国称臣,讨得一笔优厚的"赏赐"。

各国都看不起他,称他作"高无赖"。

其实,像他那样卑小的荆南小朝廷,除了实行"高无赖外交政策"外,试问还能有更理想、更完美的措施吗?

从诲死后,其子高保融立。保融曾助后周世宗平定淮南有功,性迂缓无能,凡事皆委于其弟保勖。

赵宋兴,高保融一岁三入贡,朝贡不可谓不勤。就在这一年,他翘了辫子,其弟保勖继立。两年后,高保勖也辞别人间,其子继冲立。

后来,宋使慕容延钊借道讨伐张文表之乱,顺势袭江陵。

自高季兴传至高继冲,凡五主,历三十九年而亡。

后 蜀

(公元 934 年—966 年)

第二十三章
合两川为一川的孟知祥

一、李严再入蜀

在一个危疑震惑、彼此失去信任的时代,一句无影无根的谣言,不但可以诛杀一个人,而且能够祸延全家以至全族。当郭崇韬平定前蜀的王衍,正着手处理其善后时,洛阳方面的谣诼是"郭某宰掉魏王李继岌(征蜀总司令),自立为蜀王"。

从公元925年下半年的大事上看,是挺热闹的:

九月,后唐遣魏王李继岌、郭崇韬伐蜀。

十一月,灭蜀,蜀王(前蜀)王衍降。

十二月,以董璋为东川节度使,孟知祥为西川节度使。

孟知祥就是在谣言满天飞的时候出都的,他的任务很简单,用唐庄宗李存勖的话来说,就是"听说郭崇韬造反,你去看看,相机行事,必要时把'老郭'的脑袋砍下来"。

孟知祥到达西川时,马彦珪早已奉了刘皇后的"教",跟李继岌合作,把老郭的头颅砍在地上,当小皮球踢着玩!接着,李继岌办理移交,全体班师回家。西川节度使孟知祥坐享其成,人家辛辛苦苦开辟、创始,他奉命来继任。实际上,冥冥中已注定他非要开创一个"后蜀"不可。

天府之国落在一个有野心的人物手里,其后果是不难想象的。权力移交后,孟知祥亲自检阅一通府库,有铠甲二十万副,齐整无缺;财政的库存是二百万缗。在五代中,这算是顶顶有钱的呀!孟知祥满心欢喜,立置左右牙兵十六营,凡一万六千人,扎营于牙城内外,另置左、右飞棹兵(水军陆战队)六营,凡六千人,分成滨江诸州,练习水战。

在唐明宗李嗣源时代,任圜兼任判三司的"财政部长",孟知祥乖乖地按着封疆大吏的职责进贡有加。到了安重诲时代,孟知祥可不那么听话啦!这个拥有重兵的人物着实让安重诲伤脑筋,因孟知祥已与东川节度使董璋据险要、设防备,要弄点颜色给安重诲看看。

客省使、泗州防御使李严(即向后唐庄宗提出灭蜀计划的李严)自告奋勇,说朝廷如任命他为西川监军,准能控制孟知祥。朝廷认为"行"!

李严的母亲,是位贤惠而有知人之明的老太太,当她听到儿子又要做入蜀的要员后,很忧郁地点明他的前路:"你之前去做客省使,首提灭蜀计划,今天敢以'监军使'的身份再前往,蜀人一定要了你的命,你看吧!"

不理会母亲忠告的李严,照样就道。果然不出李母所料,孟知祥很不高兴这位扛着皇帝大帽子的特使前来压他。孟知祥排开全副甲兵欢迎,李严偏不以为意,因孟知祥仍旧像在洛阳时候那样亲切地招待他。

可是,有一天,李严因公务去看孟知祥,"老孟"突然翻脸,声势凌厉地算起前账来:"你以前出使到蜀,回去后提出灭蜀计划,唐庄宗听了你的话,结果是前蜀亡了,他本人也国破身亡!今天我佩服你有勇气再来,但蜀人可吃不消了!再说,监军这项制度,早已跟着大唐而成为历史的陈迹,你凭哪一点要来'监'我的'军'?你说吧,姓李的!"

李严瘫在一边,连一句话也说不出来,只求原谅。

"原谅谈不上,众怒不可犯,我想你是明白的。来人!推出去!"孟知祥虎虎地生着气,他在为保护他的权益而战!

就这样,李严被"推了出去",应了他老母亲的话。

孟知祥的戏路尚未完,他再召左厢马步都虞候丁知俊。知俊惧怕得四肢软绵绵的,知祥指着李严的尸体道:"你以前做李严的副使,但我想着还是老朋友,这笔账算了,就麻烦你把姓李的尸体埋葬掉吧!"

随后,孟知祥用一项假罪名向朝廷报告,朝廷也明知李严冤死,却不敢追究查办,在那个"有天无日头"的时代,只能就这么算了。

二、有种的姚洪

孟知祥按部就班推行他的建国计划,他内在的大敌是东川节度使董璋,两者的正面冲突源自争夺经济利益——由盐引发的经济利益。

董璋鼓励商人,把东川的食盐运入西川去贩卖,孟知祥自然不愿这项利润外流,乃于汉州设立三场"盐务所",厚征盐税,每年可得七万缗的收入,商人因税重无利可图,遂绝迹,不再到东川去。

公元 929 年,李嗣源准备"大拜",却少了一项——钱(他的内库多的是,但那是刘皇后的"私房钱"),特派客省使李仁矩入蜀,命令东西两川交足一百万缗,两川都说"没钱",客省使自动减价,西川献五十万缗,东川交十万缗。

自以为了不起的李仁矩先向董璋要,行至梓州,董璋摆下筵席为他接风洗尘,时间已过了中午,李仁矩却迟迟未来,原来此公正在"拥妓酣饮"呢!董璋冒火了,立即带着随从、侍卫入"省宾驿",把李仁矩拖出来,命他立正于阶下,然后以教训式的口吻,破口将其臭骂一顿:

"你大概只听到西川斩了李客省(李严),难道东川就不能斩李客省(使)吗?王八羔子!"

从来未见过这种场面的李仁矩,脑筋有些清醒了,涕泗滂沱地请求多多原谅。董璋原只是要出一口鸟气,并不是真想要他的狗命,当然原谅了他,因其还未到跟朝廷翻底牌的时候。事后,董璋给他一笔金钱,要他去朝廷说好话,但吃了一大惊的角色怎会因一笔"大金钱"而真说起好话来呢?这回李仁矩倒是据实以报,除掉那件"拥妓酣饮"的"例行公事"。

同年十月,朝廷割阆、果二州,置保宁军,以李仁矩为节度使，镇阆州，目的专在侦查，监视董璋，弄得董璋寝食难安。又有马路新闻，说是要割绵、龙为节镇，于是孟知祥也无法安于其位。

董璋跟孟知祥原来是死对头，至此都害怕被强有力的朝廷各个击破而实行合作，合作的起点是两者先成为亲家。东西两川携手后，战斗行为即行发生。先下手的是东川的董璋，从战略地理上看，当然是他有"优先权"。

董璋有一个儿子董光业，半是人质半是练习做官，在洛阳当一名宫苑使，老董先用"限时专送"寄给他一封信："朝廷割我的支郡为节镇，屯兵三千，这样等于杀我！你去见枢要（指宰相安重诲）替我这么说：如朝廷再派一骑入斜谷，我姓董的必反！我今与你诀别了！"

董光业转告宰相，要求不要再做刺激其父的行为，把时局暂行缓和下来。刚愎的安重诲偏不吃这一套，董璋遂反。他派人向西川请教："朝廷欲发动大部队征讨两川，你我当怎么办？"

"共同举兵！"基于唇亡齿寒的原理，孟知祥倒干脆利落，"不过，请东川兵先取遂、阆两州，然后合兵守剑门，则大军虽来，准没有多大的关系。"

董璋挥军向阆州进攻，城内诸将拟以深沟高垒拒之，等候朝廷的大兵到达后再战，李仁矩不是这样怯懦的态度，立即出战，兵未交战即行溃回。董璋日夜攻城，城陷，杀李仁矩，灭其族，董璋入府坐定后，即和一位老部下姚洪算起旧账来。

当董璋还是朱温的将领时，姚洪是董的部下，守阆州时，代表中央朝廷方面的姚洪守，而董璋攻。董璋忆起从前的关系，很想透过私人的温情要求姚洪站到这边来。董璋有一封密函给他，不料，"不识抬举"的姚洪连看也不看，就把它扔茅坑里去。如今城破，姚洪成了阶下囚，董璋以"胜主"的资格，责备他不识时务："我从行伍里把你提拔到将领，你为什么这样忘恩负义？"

"呸！姓董的！你从前是李家的奴才，替人家打扫马粪，才得到一片死猪肉吃，理应感激李氏的皇恩才是！现今皇帝用你做节度使，皇帝有什么对不起你，你要造反？你尚且对不起皇帝，我受你啥恩，说我忘恩负义？你是标准奴才，本不值得我提起，但我是义士，怎么能做你所做的下贱事呢？我姓姚的，宁为皇帝而死，不与'人奴'并生！"

一顿义正词严的臭骂，又把董璋的底牌给揭开，气得东川节度使一佛出世，二佛开天。董璋马上叫人抬出大镬来，叫左右割其肉，一块一块像涮羊肉一样来啖食，看来董璋倒是一头刚从铁笼里放出来的畜生！

姚洪至死骂不绝口，真是一条铁铮铮的硬汉。

三、意外的奇兵

中央朝廷的处置是表扬姚洪，厚抚一番，族诛董光业。朝廷削去董璋的官爵，任命天雄节度使石敬瑭为东川行营都招讨使，率兵进讨。

董璋慌了手脚，忙向成都的孟知祥求救。最初，董璋挥军扑利州时，遇雨，粮运不继，退还阆州。孟知祥闻讯大惊，欲遣三千兵共同防守剑门，董璋怕其借此扩充地盘，辞以已有防备。

石敬瑭入散关，使众将引兵出人头山后，绕过剑门之南，倒包抄过来，占领剑门。

孟知祥听到剑门已被石敬瑭的前锋部队占领后，命将倍道兼行，先据剑州，又命遂州的赵廷隐将兵万人会合屯于剑州。时天寒，士卒恐惧，多抱观望不前之心，赵廷隐一再泣谕，众人才微微有点奋进之心。

先是西川牙内指挥使庞福诚、昭信指挥使谢锽，两人均驻屯于来苏村，闻说剑门被占，讨论着，假如朝廷部队再占有剑州，则东、西两川准完蛋。于是二人自动引其所部兵众千余人，抄小路直扑剑州，刚刚赶到时，有万余名朝廷的队伍，自北山而下，那时正是黄昏时候。

庞、谢两人相互筹谋对敌的方法："情况很明显，众寡不相敌，要打就得趁今晚，要是挨过了今夜，天明准被吃掉。"

于是，庞福诚带着数百名士兵爬上北山，擂鼓呐喊于官兵营后，谢则率领其余的士兵手执短武器，向其正面进攻，官方的部队不明就里，仓皇弃营逃走，剑州是在这种以少胜多的特殊战斗下被收复的。

翌月，石敬瑭进屯至剑门，复进屯至剑州北山。赵廷隐列阵于牙城后山，牙内都指挥使李肇布阵于河桥，石敬瑭引步兵进击赵廷隐军,赵廷隐先选择善射者五百人,埋伏于其归路,等到两军要短兵相接时,乃扬旗鼓噪进攻,北军败走,颠坠下山,被俘斩百余人。石敬瑭又使骑兵冲河桥,李肇以强弩射之,骑兵不能进,薄暮时候,石敬瑭撤退了!赵廷隐引兵蹑追,与伏兵合击,敬瑭大败,还屯剑门。

前方军败,运粮困难,那些被迫运转粮饷的,往往窜匿山谷,聚合在一起,转变成了盗贼。李嗣源很想亲征,安重诲为了安慰皇帝起见,愿意前往军前督战。讲求急功近利的人物一出国都,一日奔驰数百里,西方的藩镇大员无不惶骇异常,于是朱弘昭打了他的小报告,石敬瑭也上表拒绝其前往督战,"老安"的政治寿命就此完了。

石敬瑭以阆州既陷,粮运不继,烧营北归。前方把这军情向后方报告,孟知祥看后大喜,匿起报告,假问盐铁判官赵季良:"北军渐进,怎么办?"

"不!过了绵州,一定逃走。"

"什么道理?"

"彼劳我逸,他们悬军千里,粮食一了哪能不走?"

孟知祥大笑,把前方的报告给他看,证明赵季良的看法是对的。

四、东川并入西川

东、西两川军进入利州,孟知祥发表赵廷隐为昭武留后,赵廷隐差人秘密向孟知祥报告："董璋为人最狡猾，是个只可与之同患难、不能跟他同安乐的角色，他日总是你的大患，不如趁其至剑州劳军时收拾掉，一举合并两川的土地，你就可以得志于天下了。"

孟知祥不愿来这一手。那一天，董璋入赵廷隐营中，留宿一宵而去，赵廷隐叹道："不听从我的计划，祸难不已了。"

董璋赶还东川。

洛阳方面宣布安重诲专命，兴兵致讨，今已伏诛。

朝廷方面把招讨失败的罪责统统加在安重诲一人的头上，现在"老安"被枭首了，表示朝廷认错。孟知祥又得知他在京中的甥姨都平安，即遣使向董璋说项，意欲联名上表谢过，老董怒道："你们全家都平安无恙，当然可以上表谢罪，但我董璋的全族已被诛杀净尽，还谢啥过？"

东川与西川的敌对行为恢复。现在，基于先下手为强的道理，董璋谋袭取西川的成都。他挥军入境，破白杨林镇，声势甚盛。

孟知祥感到很伤脑筋，赵季良分析给他听："董璋这角色，勇猛而不会施恩惠，故士卒们没有一个会诚心诚意拥护他的。以这样的角色，攻城则难于攻克，而野战则成擒的成分居多。此刻他不守巢穴，对你来说，是很有利的。董璋用兵，精锐皆在前锋，你最好以赢兵来骗他，再以精兵来对付他。目前咱们虽然是小有败绩，但往后一定大捷。董璋又素有威名，今发动全军来攻，人心都危惧起来，最好你自己出去抵御一通，以振奋士气与民心！"

赵廷隐也认为赵季良分析得客观、合理，孟知祥遂以赵廷隐为行营马步军都部署，将三万兵抵御。

西川的汉州陷落，孟知祥自将八千兵直驱汉州，至弥牟镇，留赵季良守成都。

赵廷隐列阵于鸡踪桥，义胜定远都知兵马使张公铎布阵于其后。不一会儿，西川兵大退，复布阵于武侯庙下，董璋帐下的骁卒大声噪喊："为啥不速战，让我们晒太阳？"

董璋乃上马，孟知祥也登高冢督战，赵廷隐三战均不利。孟知祥以马棰指后阵，后阵挥军大呼而进，东川兵大败。董璋的重要将领均被俘，拊膺大恸："亲兵都完了，我还倚靠啥？"即率领数名骑兵，向梓州方向遁逃，到达目的地后，乘肩舆进城。

守城的王晖迎问道："太尉全军而出，现在回来的连十个人都不到，是啥道理？"

董璋涕泗滂沱，半句话也答不出。他进入府第，刚要进食，王晖率领三百名士兵噪喊而进。董璋带领妻子登城，至北门楼，呼指挥使潘稠挥兵讨乱，潘稠领了十个士兵登城，把他的脑袋砍了下来，然后交给王晖，王晖举城降，东川并入西川。

五、君臣言归于好

当董璋起兵攻孟知祥时，山南西道节度使王思同立刻报告朝廷。范延光对李嗣源道:"假使东、西两川合并于一贼,抚有其众而守险,则进讨较为困难,宜及早趁着这个时候布置。"

朝廷命王思同准备行动。不多久,董璋败死,范延光又进言:"孟知祥虽然据有全蜀,但其士卒都是东方人,那家伙恐怕他们思归,发生叛变,大概也打算依附朝廷以便镇压,不如屈意招抚,让其有自新的机会。"

"孟知祥是我的故人,被人离间,方会弄到如此,不必'屈意'也行。"即日,遣人赐孟知祥诏,诏曰:

"董璋狐狼,自贻族灭,卿丘园亲戚皆保安全,所宜成家世之美名,守君臣之大节。"

孟知祥泣拜受诏,且上表谢罪。当时,君臣两方打破情感后,再言归于好的情况是很少有的。从此之后,孟知祥虽复称藩,但骄倨益甚。

公元933年,朝廷封孟知祥为东、西川节度使兼蜀王,并赐蜀王一品朝服。孟知祥不在乎这些,自作九旒冕、九章衣,车服旌旗皆与帝王者比拟。这年十一月,唐明宗李嗣源崩殂,孟知祥很高兴,跟幕僚说:"宋王(闵帝)幼弱,执政的都是胥吏小人,祸乱马上就要发生。"

第二年,他顺从将吏的要求,称帝于成都,后蜀开国。

孟知祥耍玩政治权术有他独特的一套,他在病得很厉害的时候,厨房送东西来,他一定要把盘碗弄得空空才准端回去,这样表示他的病并不严重,以安定众心。

晚年,他中风,患了半身不遂症,乃立其子亲卫马步都指挥使孟仁赞为太子，仍监国：召赵季良、李仁罕、赵廷隐、王处回等受遗诏辅政。当晚即翘了辫子，他一共只做了半年皇帝。当晚秘不发丧。

枢密使王处回于孟知祥逝世的当夜，偷偷地去告诉赵季良，泣不成声。赵季良道："今强将握重兵，专伺时变，宜快点拥立嗣君，以杜绝人家的觊觎，怎么可以相对而泣呢？"并叫他先去看李仁罕，先观察其词意然后才告诉他。王处回到达李府时，李仁罕有所准备，遂不把死讯告诉他。事后，拥立太子孟仁赞即皇帝位，改名为昶——孟昶。

六、"孟后主"——孟昶

孟昶即位，偏安于西蜀，倒也自得其乐。而中原方面的朝廷，却像走马灯一样，有人下台，马上又有人登台，换了皇帝，也换了朝代，大有目不暇接之概。

迨后周世宗时代，秦、成、阶、凤诸州被收复了，周世宗取得淮南后，高保融即招孟昶向中原归顺，孟昶不买账。既不买账，当从事军政建设才是，居然也不！君臣竞相奢侈，甚至做七宝溺器以自娱养，所走的完全是前蜀王衍的那一条"只求本能满足"的路线，以这样的君主、臣僚而想跟新兴的赵宋相对抗，可说是不自量力。

荆南的高氏被人家吞下去后，孟昶的神经才有点清醒，竟想联络北汉来阻挠中国的统一。

宋太祖赵匡胤看穿这位"后蜀的后主"的个性,跟南唐的李后主(煜)是同一类"少爷货底",于是一面在京师替他建一座美轮美奂、中外合璧的花园别墅,做招待"特别国宾"之用,一面命大将王全斌收取蜀国。孟昶听说他在开封府的"国宾别墅"落成后,即以"观光胜国旅行团团长"的身份,率领着姬妾、臣僚、亲族等前往揭幕、剪彩,盛况空前。

他的如夫人,即以才艺冠绝一时的花蕊夫人颇不同意他的"盛举",有诗为证:

君王城上竖降旗,

妾在宫中哪得知?

十四万人齐解甲,

更无一个是男儿!

后蜀亡,凡二主,历三十一年。

五代的帝王,有的蠢到西瓜那么大的字,始终识不到半个,连自己的姓名都无法书写。这些人"迷信其万能",认为足以主宰世上的一切的,唯有长枪大刀。相反,有的风雅到能作诗填词,平平仄仄,背得滚瓜烂熟,所作的诗文不论长调、小令,均有可观之处,在文学史上也占有一席之地。

前者大抵属于创基立业的草莽英雄,后者大抵以继承衣钵、坐享其成的"大小少爷们"占多,他们都能文、能诗、能书、能画,他们多已忘掉先人创业的艰难而化为统治阶层的人物了,所以他们有余暇、有余力、更有余心从事"风雅"工作,并专心一意地从事于斯。他们瞧不起祖先的粗鲁无文、不学无术,所以刻意要"大鼓文风",以表示自己也是书香门第、诗礼传家的"产品"。

王衍、孟昶、李璟、李煜以及那两个尚未入门即自视甚高的后唐秦王李从荣、宋王李从厚都是这类角色。

口说无凭,有话为证:

"蜀主孟昶令罗城上尽种芙蓉,盛开四十里,语左右曰:'自古以蜀为锦城,今观之,真锦城也'。"

当夜同花蕊夫人避暑摩诃池上,作《玉楼春》词。

契 丹

(公元 916 年—1125 年)

第二十四章
初尝侵略滋味的契丹[①]

一、阿保机、述律后与韩延徽

契丹源于东胡,世居辽河上游的潢水(今内蒙古自治区西拉木伦河)。隋唐之际,势力渐膨胀。安史之乱后,东北与中原隔绝,复以突厥、回纥相继溃散、覆亡,大漠南北,一时无强大的部族,遂予契丹发展的机会。

最初,契丹分为八部,各有"大人"(首领),每三年推选一人为"八部长"[②],建旗鼓以号令诸侯。唐末、五代之间,耶律阿保机为八部长,雄鸷英敏,共连任三次,做了九年国王,其后以兵击灭七部,东北莫不畏服。

公元907年,阿保机率三十万众入寇云州,晋王李克用与之联合,会面于东城,要好得称兄道弟。李克用把他请到帐内来,握握手,互敬烧酒,气氛欢洽,大有相见恨晚之慨。酒

[①] 契丹并不是五代十国的政权之一,而是五代十国时期与中原王朝对峙的少数民族政权。——编者注
[②] 即大可汗,王之意。

后，二人约定，当年冬季共同进攻朱温。

谋臣曾私下劝李克用："把东北的这只老虎关起来吧！"

李克用不愿这么做，最堂皇的理由是："仇敌（指后梁）未灭，而先失信于夷敌，是自取灭亡。"

阿保机在李克用的帐中盘桓了十多天才走，临去时，李克用赠送黄金、绸缎数以万计，阿保机留下三千匹战马、其他牲口万余匹作为酬谢。回去之后的阿保机，立即背盟而附梁，李克用从此恨透了他。

阿保机有一个贤能的好妻子——述律后，勇决而多权变。阿保机所有的行军及施政，述律后总是参与谋议，故样样晓得，件件均有决定权。

有一次，阿保机穿过沙漠攻击党项部族，留述律后守帐。室韦部的黄头、臭泊联合在一起，乘虚来攻，述律后料准有这一着，预先勒兵以待，然后奋击，大败之，由是述律后的名字威震诸夷。

当"河北天子"刘守光末年衰困时，遣参军韩延徽求救于契丹，阿保机怒来使不拜，扣留下来，命他去马场牧马。

"喂！老公，韩延徽能守节不屈，这是当代的贤臣，怎么叫他去看马？应当以'国宾'的礼节来优待他才行。"述律后提出自己犀利的看法，她要擢用并借重"客卿"的才能。

阿保机忙把韩延徽请来"谈话"，觉得他的确是一个政治人才，遂任命他为"首席参谋"，凡事均先征询韩的意见后才施行。韩延徽教契丹建牙帐，开军府，筑城郭，立市里，以收留逃难的汉人,又使各有配偶,垦耕荒田,从此汉人各安其业,逃亡者益少。延徽又劝阿保机诱杀诸部的大人,契丹遂正式统一。

不久,韩延徽因思念家乡,逃归晋阳,晋王李克用欲置之幕府。一个"蹩脚货"秀才王缄嫉妒他,韩感觉前途黯淡,乃要求东归,回幽州省母,路过真定,宿于乡人王德明家,德明问他将去哪儿?

"现今河北全是晋王(后唐)的天下,我已无路可走,当然是再到契丹那里去!"韩延徽无保留地说出此去的目的地。

"你是叛归的,现在又再去,不是去'讨死'吗?"

"契丹自我逃归后,好像丧失了耳目和手足,我今再往,使他的耳目复全,他怎么会害我呢?"韩延徽分析得蛮有理,足见他有自知与知人之明。

韩延徽省视其母后,即复入契丹,阿保机高兴得几乎要跳到天上去,拍拍他的肩膀道:"这一向你到哪儿去了?"

"思念年老的母亲,想回去,恐怕你不答应,所以逃回去一趟!"

从此,阿保机才好好礼遇他,后来阿保机称帝(公元916年),是为辽太祖,建立皇城,即后来的上京(今内蒙古自治区巴林左旗),即以韩延徽为相,累迁至中书令。

晋王李克用曾遣使至契丹,延徽也寓书给晋王,内叙所以北去之意,且云:"非不恋英主,非不思故乡,所以不留(也者),正惧王缄之谗耳!"接着请求李克用多多照顾其老母,末尾提出保证:"延徽在此,契丹必不南牧。"故终后唐庄宗之世,契丹不深入为寇,全是拜韩在契丹的影响力。

晚唐至后梁时代,守幽州的地理战略是扼守险要的渝关,置防御军,募士兵守进牛口,田租皆供军食,不入于蓟,幽州每年发冬衣,以供战士御寒。收获后,即坚壁清野以待契丹,契丹至则闭城不战,契丹于野无所获,自行遁去,然后选骁骑据隘以邀击。契丹总是失利的时候多。因为士兵都为保卫家园而战,如力战有功,则赐勋加赏,从此契丹不敢轻易入寇。

但是等到后唐以周德威为卢龙节度使后,"周大将"恃勇轻敌,不修边防,遂丧失渝关。契丹开始南侵了!周德威又忌幽州的宿将,凡是有名的往往借故予以杀害,于是北方的防御形势日趋严峻。

二、因试火油而欲攻城

吴王杨行密遣使送猛火油给契丹,道:"用这种油来攻城,放火烧城楼或桅橹,敌人要是以水来浇,那更糟糕,火比前更炽烈!"

契丹主大喜,即选拔三万骑兵,欲以这种"新时代的武器"进攻幽州。

"哪有为了试'火油'而攻人国家的道理!"述律后哂笑这鲁莽的行动,遂指着帐前的树道:

"这棵树没有皮能生存吗?"

"不行!"

"幽州城也是这样的！我们只要用三千骑兵，出没在它附近，打打游击，掠夺四野，使城中无食，不过几年之间，幽州城自会困惫，何必如此躁动轻举，万一失败，一面被朝廷所耻笑，一面咱们的部落也必解体，到那时，懊悔也来不及！"

于是，阿保机取消了攻幽州的计划。

公元917年，青州裨将卢文进杀防御使李存矩，向契丹投降，遂引契丹兵急攻新州。周德威合河东、镇定之兵，反攻了十多天，始终攻不下来，阿保机自率三十万众，以救卢文进，周德威寡不敌众，大败而归。

契丹乘胜而围幽州，扬言有众百万，毡车毳幕，弥漫山泽。

叛将卢文进教契丹挖地道攻城，昼夜不停，四面俱进；城内也挖地道，焚火、灌水，务以歼灭敌人为目的。

卢文进又教契丹造临时土山以攻城，城内烧了滚热的铜汁来浇，平均每天可诛杀百余人，但攻城依旧不停歇。

周德威急了，不得已向晋王李存勖求救。当时李与朱梁相持于河上，欲分兵来救则兵少，欲勿救则恐怕一旦被攻下，从此成为腹心大患。军事会议召开后，李嗣源、李存审、阎宝三大将主张救。

李嗣源、李存审、阎宝率步骑七万名，在易州召开一次会议，决定进取的战略。

李嗣源及其养子李从珂，率三千骑为先锋部队，自易州北行，过大房岭，循着山涧而行，距离幽州六十里，即与契丹兵遭遇。契丹惊而退却，晋兵分左右翼而尾随，契丹行于山顶上，晋兵行于山涧内，每至谷口，契丹辄邀击。李嗣源父子力战，乃得进。至山口，契丹突以万骑实行遮拦战，晋兵莫不失色。李嗣源骤表现出大将临阵的英勇，脱去盔胄，扬起马鞭，以胡语对契丹人道：

"你们无缘无故侵犯我们的疆场，晋王已派我带领百万部队直到西楼，把你们尽数灭掉。"

说罢，跃马奋挝，三入敌阵，斩契丹酋长一人，后军齐进，契丹兵退却，晋兵始得出。

后军李存审命令步兵砍木头，木头要以鹿角的丫杈形为主，每人持一根，不论行到哪里，立即可把木头构成寨堡；契丹的骑兵曾绕寨而过，寨中发射万根弩箭，流矢几可蔽日，契丹人马死伤塞路。

将到幽州，契丹列阵以待，李存审令步兵布阵于其后，戒令不许乱动。先令羸弱的士卒曳柴燃草而进，烟尘蔽天，契丹不知晋兵究竟有多少，这一步"烟幕弹"的障眼法成功后，才鼓噪合战，李存审挥后军进攻，契丹大败，席卷其众败退，委弃车帐、铠仗、羊马遍地满野，晋兵乘胜而追，俘斩以万计。

李嗣源等入城，周德威一见之下，握手流涕。

这是契丹跟中原朝廷的第一回合战争，契丹似没有占到多大的便宜。接着，第二回合开始。

三、尝尝侵略的苦果

公元921年,赵王镕养子张文礼,杀了赵王,遣使向契丹求救。

阿保机答应出兵,王郁又加强说辞:"镇州美女如云,金帛如山,天皇王(阿保机称帝的称号)快点去,则所有的物资都是自己的。不然,准被晋王(后唐)夺去。"

阿保机认为是对的,动员了所有的部队,准备南进。

述律后又不以为然,谏道:"我们有西楼羊马之富,其乐不可胜穷,何必劳师远出,以乘人之危徼取微利呢?再说,我听说晋王用兵,天下莫敌,假使不幸而有危败,懊悔还来得及吗?"

可是,阿保机偏不理会这一套,径攻幽州,遂长驱而南,拔涿州,寇定州,北方大震,向中原告急。晋王自镇州将五千亲军以救,并遣神武都指挥使王思同将兵屯狼山之南,以作抵御。

翌年,晋王至新城,有人报告,说是契丹的前锋宿于新乐,将涉沙河而南,士兵们听后莫不失色,因之颇有逃亡的,主将斩杀示众也不能禁止这项"逃亡运动"。诸将也畏怯,劝晋王暂躲入井陉以避其锋,晋王犹豫未决。

中门使郭崇韬分析道:"契丹是被王郁蒙蔽而来的,目的在掠夺财货,绝不是为了救镇州的张文礼,这一点我们先要弄清楚。其次,我们新破梁兵,威震夷夏,契丹一听说国王御驾亲征，早已气沮胆寒，假使我们能先挫折其前锋，他们准逃走无疑。"

恰巧李嗣昭自潞州赶到，也赞成这种看法："今强敌在前，我们有进无退，不可轻动，以动摇人心。"

"帝王之兴，自有天命，契丹和我相比又能怎么样呢？我以数万之众平定山东（指太行山以东地带），如今遇着这么个小寇就打算躲避，哪还有面子君临四海？"晋王李存勖充满自信与歼敌的信心，乃自率铁骑五千，先进至新城北，半出桑林，契丹万骑，见之惊走。

晋王分军为二，追逐数十里，俘虏了阿保机的儿子，是时沙河桥狭冰薄，契丹陷溺，死者甚巨。

阿保机的车帐设于定州城下，败兵逃回，契丹全部退保望都。

晋王挥军直趋望都，契丹逆战。晋王以亲军千骑先进，遇奚酋秃馁五千骑，被其包围。王力战出入数次，连战半天，围仍未解，李嗣昭指挥三百骑实行横击，王乃得出，因纵兵奋击，契丹大败，逐北至易州。凑巧那时候，下了十多天大雪，积雪数尺，契丹人马无以为食，死者相继于道。阿保机举手指天，谓卢文进道：

"天尚不容许我来到这里！"

乃北归，晋王引兵追蹑，随其行止，见其野宿场合，布藁于地，回环方正，皆如编剪，整齐划一，虽然是撤退了，但仍旧井井有条。晋王叹道：

"敌虏用法严谨,竟达到这种地步,我们是无论如何做不到的。"晋王到达幽州,使二百骑追蹑契丹,限令其出境即回,但他们竟恃勇轻进,尽数被擒,只有两个骑兵自间道逃回。

阿保机深恨王郁的献谋导致此次败北,把他系缚在马首,牵着回去,从此再也不听从他侵略的诡计,这是契丹第二回吃到侵略的苦果。

四、天皇王的选立

公元926年秋七月,阿保机攻渤海国,拔其夫余城,渤海国亡。阿保机改名为东丹国,命长子突欲镇东丹,号"人皇王",以次子德光守西楼,号"元帅太子"。

后唐庄宗李存勖被伶人郭从谦所杀,明宗李嗣源使姚坤向契丹告哀,阿保机痛哭道:"我朝定[①]儿也!我正要打算救他,因渤海国未被攻下,不能去,以致丧失我的老朋友!"说着放声恸哭不已,接着收泪问道:"今天子(指李嗣源)听说洛阳有急,为何不救?"

"路途遥远,赶不及!"

"他为什么要自立?"

姚坤说出今天子被拥立的理由。

"你们总是有很多理由可说,不必多谈了!"

[①] 朝定:契丹语,朋友的意思。

突欲在一边，突然开腔道："牵牛去犁别人的田，而乘机抢走别人的牛行吗？"

"中原无主，唐天子不得已而立，亦好像天皇王初始有国，岂不是强取的吗？"姚坤据理力辩。

"当然喽！"阿保机承认既往的事实，"我曾听说朝定儿专好声色、游畋，不恤军民，故自食恶果。自听到那个不幸的消息后，我举家不饮酒，遣散伶人，解纵鹰犬，如果我也学他的样子，则灭亡无疑。"话说至此，词锋一转："朝定儿虽与我为世交，但老是跟我发生战争，于今天子则与我无怨，借此可以和好，假如肯给我大河以北之地，我就不南侵了！"

"关于这个，超出我的使命，我不敢擅做决定！"姚坤坚持自己的立场。

阿保机看软的一套不行，立即把姚坤关起来，十多天后，又把他放出来谈判。

"大河以北恐怕不易得到，那么，镇、定、幽三州也行，你快点写吧！把这三州划归给我们！"

姚坤硬是不书写，阿保机大怒，拟把他推出去宰掉，韩延徽代为说辞，于是姚坤被扣押。

就在这一年，阿保机在夫余城也翘了辫子。

老头子死了，述律后立即要出她的一套。她把诸将及酋长难制者的妻子集合在一起，道："我现在是寡妇了，你们必须向我效忠！"又集合这些妇女的丈夫，泣问道："你们想念先帝（阿保机）吗？"

"受先帝的大恩,怎么敢不想念呢?"大家异口同声答道。

"既然都想念着,你们还是都去看看他吧!"

结果,述律后命令一人一刀,硬送他们到阎罗王那儿去"想念"。

阿保机翘了辫子两个月后,丧事也办得差不多了,述律后要立王储,她喜欢次子德光,打算立他,乃驾至西楼,命德光与长子突欲俱乘马立于帐前,向诸酋长宣布:"两位王子,我都喜爱,我也不知立哪一个比较适当,你们自己选,拥护哪一个即执着他的辔。"

大家心里都明白,都争执耶律德光的马辔,欢呼道:"拥护元帅太子!""既然你们都拥护他,我怎么能违背你们的意思?"遂立耶律德光为天皇王。

突欲感到很失面子,率领百余骑,欲投奔后唐,被巡逻兵所遏,述律后不予追究,遣归东丹。天皇王耶律德光尊其母述律后为太后,国家大事,皆由她定夺。

耶律德光任韩延徽为政事令,听姚坤归复命。

五、王都、王晏球

契丹与后唐的再度交兵,是为了义武节度使兼中书令王都的叛变。王都坐镇易、定诸州,自行派官除官,官租赋税皆赡本军,俨然是一个独立的军阀。及唐明宗时,安重诲执政,稍稍以法制裁之。王都一急之下,先求婚于卢龙节度使赵德钧,拉拢成德节度使王建立。建立暗中检举他，王都又以蜡书问青、徐、潞、益、梓五统帅并离间他们，复遣人联络归德节度使王晏球。晏球不为所动，王都乃以金钱收买其部下，使其刺杀王晏球，没有达到目的，王晏球遂向中央朝廷报告。朝廷削去王都的官爵，并派兵征讨，王都遣使向契丹求救。契丹乃发大军救定州。

契丹合王都万余骑，与王晏球战于曲阳城南。王晏球集合诸将校，下令道："王都轻而骄，可一战成擒，今天正是各位报国的大好时机。现在都放下弓箭，我们要以短兵来接战，哪一个退缩而回顾的，斩！"

于是骑兵先进，直冲其阵，大破契丹，僵尸蔽野，契丹死者过半，余众北走。

半年之后，契丹复遣其酋长惕隐将七千骑来救定州，王晏球迎战于唐河北岸，大破之，直追至易州，时久雨水涨，契丹为唐所俘斩及陷溺而死的，不可胜数。契丹北走，道路泥泞，人马饥疲，入幽州境。赵德钧遣精骑邀击，并分兵扼守险要，生擒惕隐等数百人；余众散入各村落，均被村民用木棍殴毙，能逃回本国的，不过数十人而已。

从此，契丹沮气，再也不敢轻于犯塞，这是契丹第三回尝到战败的滋味。

契丹径去而不回，王都坐守定州两个月之久，守备极严，诸将屡有谋城以响应官军的，都不曾成功。明宗遣王晏球快攻，晏球以定州城池高峻，改用围困。公元929年，王都与奚酋禿馁拟突围而走,不得出,其指挥使乃开门纳官军,王都举族自焚。作孽的人终归没有好下场!城内还有两千余契丹兵,全部变成俘虏。

六、人心思汉,胡儿归汉

契丹侵略中原的成绩"有欠辉煌",于是安分地在边围牧马,等候别的良机,果然被他们等到,石敬瑭愿意做"儿皇帝",特使桑维翰提出优厚无比的条件,割燕云十六州,请求出兵。于是,契丹死了多年的心又告复活,凡此全不在本文讨论之列,兹附一个人心思汉与胡儿归汉的故事:

人心思汉。最初,卢文进投降契丹,契丹以番汉都提举使张希崇代之,为卢龙节度使守平州,遣亲将以三百骑监视他。张希崇本身是书生,做到幽州牙将,既没于契丹,因生性和易,负责监视的契丹人渐渐相信他了。

张希崇看信用已建立后,即与其部众筹谋南归,部曲泣道:"回去固然是寝食难忘的大事,但敌房比我们多,你可曾想到这一层?"

"没有关系,我先把监视咱们的敌将宰掉,其余的一定溃散!这里距离敌人总部千余里,等到他们知道这件事,再派兵来追,咱们可能都到家了!"张希崇一面分析给部众听,一面安慰他们只有回家去,才有真正的自由。

"行,我们听从你的指挥!"众人异口同声喊道。

于是，张希崇叫人先挖陷阱，内藏石灰。

第二天，请契丹将领饮酒，予以灌醉后，连其从者一并杀掉，投到陷阱去。契丹营在城北，这边停当后，立即出兵进攻。契丹兵果然群龙无首，全部溃散，张希崇带其所部二万余口归来，朝廷发表他为汝州刺史。

胡儿归汉。契丹的东丹王突欲，自欲奔唐失败后，无日不想恢复自己的自由。公元930年，他率领部曲四十余人渡过渤海，自山东登州来奔。

第二年，后唐明宗赐契丹东丹王突欲，姓东丹，名慕华，半年后，更赐东丹慕华的姓名为李赞华。

后唐明宗李嗣源意欲授李赞华以河南藩镇。

群臣都不赞成，李嗣源道："我和他的老父（阿保机）约为兄弟，李赞华前来归附于我，我已年老了！后世承大统的君主虽欲招胡儿归来，会有可能吗？你们不妨想想看吧！"

公元932年夏四月，唐明宗以李赞华为义成节度使，特地挑选优秀的朝士作为他的僚属，以辅助他。

李赞华但知优游自奉，不干预政事，明宗特别欣赏并嘉勉他这种无为而治的态度，之后，纵然他有些不法的行为，明宗也不加以过问。

此外，李赞华几乎被派了一趟用场。后唐将亡时，有人替潞王李从珂出谋划策，不如派李赞华回去，也建立一个契丹傀儡政权，借以分散耶律德光南进的军事压力，可惜李从珂不从，以致没有成功。

图书在版编目（CIP）数据

帝国的崩裂：细说五代十国史 / 李奕定著. -- 成都：天地出版社，2020.11
ISBN 978-7-5455-5980-4

Ⅰ.①帝… Ⅱ.①李… Ⅲ.①中国历史—五代十国时期—通俗读物 Ⅳ.①K243.09

中国版本图书馆CIP数据核字（2020）第190217号

DIGUO DE BENGLIE: XISHUO WUDAI SHIGUO SHI
帝国的崩裂：细说五代十国史

出 品 人	陈小雨　杨　政
作　 者	李奕定
责任编辑	孙　裕
封面设计	水玉银文化
责任印制	王学锋

出版发行	天地出版社 （成都市锦江区三色路238号　邮政编码：610023） （北京市方庄芳群园3区3号　邮政编码：100078）
网　　址	http://www.tiandiph.com
电子邮箱	tianditg@163.com
经　　销	新华文轩出版传媒股份有限公司

印　　刷	北京文昌阁彩色印刷有限责任公司
版　　次	2020年11月第1版
印　　次	2025年3月第34次印刷
开　　本	880mm×1230mm　1/32
印　　张	18
字　　数	348千字
定　　价	79.00元（全二册）
书　　号	ISBN 978-7-5455-5980-4

版权所有◆违者必究

咨询电话：（028）86361282（总编室）
购书热线：（010）67693207（营销中心）

如有印装错误，请与本社联系调换

从声音到文字，分享人类智慧

天壹文化